金融普及教育丛书

CRC Press
Taylor & Francis Group

Financial Literacy Education

Addressing Student, Business, and Government Needs

金融素养教育

发掘学生、商企、政府的需求

Jay Liebowitz

[美]杰伊·利博维茨　主编

王靖国 蒋智渊 胡杨　译

东北财经大学出版社
Dongbei University of Finance & Economics Press
大连

辽宁省版权局著作权合同登记号：图字06-2019-224

Liebowitz, Jay: Financial Literacy Education: Addressing Student, Business, and Government Needs

Authorised translation from the English language edition published by CRC Press, a member of the Taylor & Francis Group, LLC

图书在版编目（CIP）数据

金融素养教育：发掘学生、商企、政府的需求 / （美）杰伊·利博维茨（Jay Liebowitz）主编，王靖国，蒋智渊，胡杨译．—大连：东北财经大学出版社，2020.7
（金融普及教育丛书）
ISBN 978-7-5654-3819-6

Ⅰ．金…　Ⅱ．①杰…②王…③蒋…④胡…　Ⅲ．金融学-通俗读物　Ⅳ．F830-49

中国版本图书馆CIP数据核字（2020）第044540号

东北财经大学出版社出版发行
大连市黑石礁尖山街217号　邮政编码　116025
网　址：http://www.dufep.cn
读者信箱：dufep @ dufe.edu.cn
大连图腾彩色印刷有限公司印刷

幅面尺寸：185mm×260mm　字数：183千字　印张：9.25
2020年7月第1版　2020年7月第1次印刷
责任编辑：李　季　王　莹　责任校对：欣　桐
封面设计：原　皓　版式设计：原　皓
定价：46.00元

教学支持　售后服务　联系电话：（0411）84710309
版权所有　侵权必究　举报电话：（0411）84710523
如有印装质量问题，请联系营销部：（0411）84710711

“金融普及教育丛书”编委会
（以姓氏拼音排序）

译者前言

金融是现代经济的核心。随着我国经济体制市场化改革的不断深入，与之相适应的金融体制改革特别是利率、汇率等要素的市场化改革也将同步推进，微观主体将握有更多的金融自主决策权，在享受金融福利的同时也要承担相关决策的责任和后果。因此，具备必要的金融素养对于每个公民平等地享受经济发展的福利、降低金融风险对个人和家庭的影响、更和谐地融入社会经济生活等方面来说至关重要。

2008年金融危机以后，世界各国普遍加强了对金融消费权益保护的重视，而加强金融知识普及教育、提升国民金融素养则是其中的重要内容。2012年墨西哥G20峰会上，各国领导人签署通过了《金融教育国家战略高级原则》，建议通过学校课程尽早将金融知识带入人们的生活。2015年国务院办公厅印发《关于加强金融消费者权益保护工作的指导意见》，明确提出“建立金融知识普及长效机制……教育部要将金融知识普及教育纳入国民教育体系，切实提高国民金融素养”。

在中国人民银行金融消费权益保护局的指导下，在宁波市教育局、宁波市金融办、宁波市银保监局、宁波市证监局的大力支持和共同推动下，中国人民银行宁波市中心支行深入探索“金融普惠　校园启蒙”国民金融素质教育提升工程，计划到2020年末实现金融教育对全市小学、初中、高中、职业教育、成人教育的全覆盖。《金融素养教育》一书收录了美国金融教育工作者在中小学、大学、企业等领域开展相关工作的经验，在教学理念、教学内容、教学方式等方面，对于我们推进这项工作具有一定的借鉴意义。因此，我们组织翻译团队，利用业余时间将本书翻译成中文，供金融教育方面的政策制定者、从业者和专家学者参考，希望能以此对各界人士的工作有所助益。

我们的翻译团队主要来自中国人民银行宁波市中心支行和宁波市普惠金融研究中心，具体翻译分工分别为：胡杨负责序、前言、第1章、第2章；周杰负责第3章、第4章；葛昊负责第5章、第8章；毛韡负责第6章、第7章；邬天一负责第9章、第10章、第11章、第12章；蒋智渊负责全书翻译的统稿、审校；王靖国、李巧琴、金小平负责本书翻译的组织、指导和审核。

感谢东北财经大学出版社的约稿以及翻译过程中李季主任的悉心指导。在此向所有参与本书翻译和出版工作的人员一并表示诚挚的感谢。

受时间和能力所限，书中难免存在不足之处，敬请读者不吝批评指正。

《金融素养教育》翻译团队
2020年2月

序

当我履职美国经济教育委员会（Council for Economic Education，CEE）首席执行官时，这家机构已经在该领域拥有丰富的经验、知识和能力，面向K-12年级段的学生开展个人理财教育。然而，在这家机构成立65年之后，我们仍在为实现金融教育覆盖全美这一使命而不懈奋斗，我冒昧地将此形容为一代人的奋斗。虽然教育工作者和倡议组织取得了一些进展，但结果却是眼睁睁地看着美国再次陷入自满，直到另一场经济危机的来临，才再次唤起人们对下一代开展个人理财教育的兴趣。长远来看，结果是令人沮丧的。

尽管如此，我认为我们已经来到了一个“拐点”。虽然有些起起伏伏，但公众对此的关注度正在不断增加。当前，父母们都开始认为他们的孩子应该学习这个科目。商业领袖和金融机构如果能够坚定、持续地参与进来，对他们获得选民支持和巩固现有成果都有巨大好处。发展与政府和私人部门的合作关系正在得到重视，也确实发挥了一些作用，而且逐渐会有更多的人开展这方面工作。这里蕴藏着需求和意愿，或者说政治资本，而且有巨大的智力资本。我希望本书的一系列章节能够帮助大家找到有效、成功且稳定的前进道路，同时，我也想分享一些我们自己的经验。

虽然美国经济教育委员会的创始人们关心如何让美国青年有能力应对竞争日益激烈和复杂的国际市场，但他们其实更在意如何确保民主制度能够得到成功延续。1948年，纽约大学经济学院院长Ernest O. Melby写道：“民主只有起作用才会存续。不管它在文化和人际关系领域如何发挥作用，但只要它在经济方面失败了，那么其注定会失败。没有任何一种教育比促进普通美国公民了解并能够有效地参与国家的经济体系更加重要。”在很大程度上，国家的力量和竞争力仍然取决于其最小的组成单位，即孩子们的思想和心灵。

在我看来，当前坚守并履行这项使命需要注意三个关键点：第一，利用好教育科技，不仅可以将更多的资源带给更多的教师，还能有效增强教学过程的生动性；第二，强制性的标准和要求是必要的，无数事实告诉我们，教师们只有当被强制要求时才会讲授经济金融科目[①]；第三，不仅要把金融教育项目和资源送到各个学区，还要保证项目和资源的有用性、可接受度以及合理性。美国经济教育委员会在这几个方面积累的经验可能会有所帮助。

对教师们而言，时间是最大的敌人，无论是在其自身的培训学习中，还是在丰富教学内容的过程中，均是如此。他们几乎无一例外地都非常支持我们开发教育科技平台EconEdLink，因为通过这个平台，他们能够获取课程计划、与其他成功的教师进行交流，以及获得将这些课程融入他们日常开设课程中的方法。目前，教师仍然高度青睐“面对面教学”，他们希望在教学过程中，学生能够亲身体验和动手练习，但他们也看重教育科技带来的轻松、便捷和高效，以及为课堂带来更高的参与度和丰富度。美国经济教育委员会致力于这方面的工作已有一段时间，目前正着力于将实验实训与EconEdLink平台上已有的大量资源进行整合。虽然平台开发成本高昂，实验实训和硬性资源（教材）的开发也价格不菲，但技术能够实现规模效应，最终可以惠及更多的教师和学生。

在制定和落实相关标准与要求方面，美国经济教育委员会每两年对外公布一次全国调查结果。在过去的15年里，该项调查成为衡量国家层面工作进展情况的重要标准。有人可能认为这项调查不过是一项简单的校核工作，但这种想法大错特错。为了解有关要求是真正落实到位，还是仅仅停留在表面，我们的工作人员需要阅读每一个州的法律条文来评估其中的可操作性。目前已经有43个州将个人理财教育纳入K-12标准，其中有4个州甚至采用了2014年在美国经济教育委员会监督下制定的更为全面的国家标准，这无疑是个好消息。但是，仅有17个州将个人理财课程列为必修课，其中要求学生参加全州范围个人理财课程考试的州仅有6个。这就是当前个人理财教育的现状。

即便是相关内容被纳入考试范围，大部分考试也只有一到两个经济学或社会学问题，而且考试内容往往就是课堂上讲过的内容。幸运的是，美国经济教育委员会在线评估中心现有一项全国性个人理财素养测试，这项测试可以满足所有个人理财教学项目中就学生对相关知识的掌握程度的评估。

要促使相关标准和要求得到落实，我们需要在各州的政治体系中具备一定的影响力。个人理财教育的倡导者需要在学区及州议会中占据一席之地。所幸的是，因为美国经济教育委员会是国家附属机构，所以我们能够在全美范围内广泛地参与国家治理事务，但是，我们还需要更多的有志之士加入进来。

这就涉及我们上面提到的第三个关键点——建立遍布全美的分支机构网络，我们能够灵活调整教学培训的形式和内容，以适应各学区的实际情况。换句话说，为了取得重大进展，我们需要因地制宜地开展工作。例如，在田纳西州，我们与该州财政长官协商之后就开展了教学项目，他也认为个人理财教育最好早点开始。我们在当地的分支机构

① 80%的教师反馈他们讲授经济学课是由于政府的要求；60%的教师反馈他们讲授个人理财课是由于政府的要求。

与财政长官Lillard合作开发了“智慧田纳西（Smart Tennessee）”项目——这是一个针对K-8年级学生的金融教育项目。美国经济教育委员会提供了《终生财务健康》（Financial Fitness for Life）等教学资料，同时也为K-8年级教师提供了培训和评估。学生也参与了测试，而且结果非常理想——学习后的测试分数比学习前提高了35%。更重要的是，田纳西州金融教育委员会正在动员更多的大学和学区推广这个项目，同时，其他州也开始借鉴田纳西州的成功经验。所以说，开展与政府、私人部门及非营利组织的合作是必不可少且卓有成效的。

最后一个重要因素是检验金融教育项目的有效性，大多数非营利组织都没有开展这项评估工作。在学校使用我们推荐的教育资源时，我们可以测试学生和教师是否取得了进步。同时，各州之间还需要进行更加深入的学习和交流。美国金融业监管局（Financial Industry Regulatory Authority，FINRA）最近发布的一项重要研究表明，对金融教育有明确要求的3个州的年轻人比没有类似要求的邻州年轻人拥有更高的信用评分，并表现出更少的信用违约行为。

在领导美国经济教育委员会的几年里，我发现人们对经济学和个人理财教育有一种偏见，就是仅关注知识层面的变化，而不是深层次的改变——我们只教孩子们如何平衡收支，而不教他们如何建立有价值的生活。当然，我绝不是要贬低保持收支平衡的重要性，但是，我们真正需要教给孩子们的是如何做决策，以及帮助他们理解“收支平衡”对于生活的重要意义。虽然经济周期中必然有衰退期和调整期，但是，必要的知识、谨慎的态度以及财务规划能够帮助我们安然渡过难关，并抓住经济繁荣带来的机会。

年轻人绝不应该被金融学或经济学吓倒，而应当将这些学科视为有用的资源工具，就像性格、家庭和社会团体那样，帮助自己在人生的十字路口抓住机遇。经济学的概念和思维可以教会年轻人如何选择，如何利用所学知识权衡利弊，以及如何运用所掌握的技能实现人生梦想。

Nan J. Morrison
美国经济教育委员会主席兼首席执行官
纽约，纽约州

前　言

“金融素养”一词常被运用于各种场合。根据美国金融素养教育委员会（Financial Literacy and Education Commission，FLEC）的定义，金融素养是一种能力，即个人利用其所掌握的知识和技能有效地管理金融资源，以便在其一生中获得金融福利（mymoney.gov）。多年来，联邦及州政府、企业、大学和非营利组织一直致力于为我们的儿童、青少年、成年人和老年人提供更好的金融教育。2011年美国金融教育国家战略（U.S. National Strategy for Financial Literacy）设置了四个主要目标:

（1）提升对有效金融教育的认识，拓展有效金融教育获得渠道；

（2）培养并构建核心金融能力；

（3）改善金融教育基础设施；

（4）发现、推广和分享有效实践。

可惜的是，全美只有不到20个州要求在高中阶段开设金融教育必修课程。根据HigherOne和EdiFi等组织以及一些高校的研究报告，在成长期接受金融教育的个体更有可能在日后成为一个在金融上负责任的成年人（例如按时偿还助学贷款）。Blackwell发行的《消费者事务杂志》（Journal of Consumer Affairs） 2015年春季特刊中“培养下一代的财务能力（Creating Financial Capability in the Next Generation）”一文是关于金融教育研究的重要参考资料。

在一个人所接受的正规教育中，金融素养真的应该成为其必须掌握的关键能力之一。根据这一主题思想，本书主要面向教育工作者、实务界人士、学生、商业领袖和政府官员。因为这类读者群体不仅要解决目前金融教育工作中存在的问题，还要应对该领域未来可能面临的机遇和挑战。我们很幸运请到业内的一些杰出人士在本书中展示他们所做的工作。我们尤其荣幸地邀请到美国经济教育委员会主席兼首席执行官Nan J. Morrison为本书撰序。

我曾经在教学过程中惊讶地发现一些大学二年级和三年级学生竟然不懂“复利”之类的基本概念，也不知道怎么计算复利。当然，他们对于财务预算安排、退休期权之类相对深奥的概念更加陌生。让每个学生都制订1年、3年、5年的个人理财计划，能够帮助他们思考预算、储蓄、支出和投资，甚至让他们认识到自己的“资产净值”，这些都是对他们有帮助的经历。

希望这本书提供的一些做法能够帮助我们提高金融素养意识以及金融教育水平。具体方法有很多种，例如互动式游戏教学、一对一辅导、金融知识竞赛，甚至更加正规的金融教育。本书将为读者呈现金融教育“舞台”的一些方法和范例。

我感谢所有的贡献者们，不限于书中所列出的为之辛勤耕耘的同仁们，还包括致力于为全美乃至全世界的学生和成年人提供更好金融教育的人们。我还要感谢哈里斯堡科技大学（Harrisburg University of Science and Technology）的同事和学生们，以及我们的“金融教育”的资助者 Alex DiSanto，感谢他支持我在金融素养教育方面所做的工作。我最感激的是泰勒-弗朗西斯（Taylor & Francis）出版集团的同事，是他们让这本书面世。当然，我还要感谢我的家人，感谢他们一直以来对我本人的关爱，也感谢他们多年来对我探索金融教育理念的支持。

请畅读这本书吧！

Jay Liebowitz，科学博士
哈里斯堡大学应用商学和金融学特聘教授
哈里斯堡，宾夕法尼亚州

贡献者名单

Bryan Ashton
Assistant Director
Student Wellness Center
Office of Student Life
The Ohio State University
Columbus, Ohio

Cathy Faulcon Bowen
Professor of Agricultural
and Extension Education
Consumer Issues
The Pennsylvania State University
University Park, Pennsylvania

Alicia Puente Cackley
Director
Financial Markets and
Community Investment
Government Accountability
Office
Arlington, Virginia

Patricia W. Collins
Director
Student Money Management
Center
Sam Houston State University
Huntsville, Texas

Theodore R. Daniels
President
Society for Financial
Education and Profes sional
Development
Washington, DC

Eric R. Heckman
President
Financial Knowledge Institute
San Jose, California

Hilary Hunt
President
Hilary Hunt Education
Consulting
Harrisburg, Pennsylvania

Amy Marty
Program Manager
National Endowment
for Financial Education
Denver, Colorado

Rakhee Jain
Co-President
Moneythink–University
of Chicago Chapter
Chicago, Illinois

Bonnie T. Meszaros
Associate Director
Center for Economic Education
and Entrepreneurship
University of Delaware
Newark, Delaware

Mary Johnson
Vice President
Financial Literacy and Student
Aid Policy
Higher One, Inc.
New Haven, Connecticut

John Pelletier
Director
Center for Financial Literacy
Champlain College
Burlington, Vermont

Jay Liebowitz
Harrisburg University
Distinguished Chair
of Applied Business
and Finance
Harrisburg University of Science
and Technology
Harrisburg, Pennsylvania

Mary C. Suiter
Assistant Vice-President
Research-Economic Education
Federal Reserve Bank
of St. Louis
St.Louis, Missouri

目 录

第1篇　K-12关注的金融素养教育

第1章 K-12个人理财素养教育的发展现状

*Bonnie T. Meszaros And Mary C. Suiter*①

1.1 引言

最近十多年以来，人们对于将个人理财纳入K-12②课程体系的兴趣与日俱增。该问题之所以引发社会各界热烈讨论，正是因为人们关注到以下现实：青年人因金融决策错误而导致不良后果；消费信贷高企，尤其是校园贷问题严重；掠夺性信贷极具破坏性；青少年获取信用的门槛降低等。

来自大众媒体、学术机构的文章为我们提供了多种视角。美联储的两位前任主席Alan Greenspan（2001）和Ben Bernanke（2006a，b），以及美国总统金融素养咨询委员会（President's Advisory Council on Financial Literacy）和美国金融素养教育委员会的设立，不断使得人们认识到提高美国公民金融素养的重要性。随后，美国消费者金融保护局（Consumer Financial Protection Bureau，CFPB，2015a）发布了一个旨在帮助决策者开展金融教育的资源指南，各方所做出的努力正在逐步成为现实。美国消费者金融保护局局长Richard Cordray说道：“在我们的学校里开展金融教育，将为子孙后代带来福利。”（CFPB，2015b）

多数人认为上述目标的实现应该基于将金融教育融入K-12教学体系。但是，也有一些人认为金融教育应依托于家庭。金融专家、Lowcards.com网站的执行总裁Bill Hardekopf就说过，学校开展金融教育固然很好，但金融教育也是家长们不可推脱的责任（Engel，2015）。可惜的是，并不是所有的家长都能够让子女养成良好的金融习惯。2011年嘉信理财（Charles Schwab）开展的青少年和金钱调查（Teen and Money Survey）表明，孩子与家长们的交流很少涉及金融工具知识。在他们的谈话内容中，如何明智地管理金钱，与毒品、酒精、约会和性等话题一样几乎不被谈及。

高年级毕业生应当具备基本的金融知识和技能，以便有能力做出理性的决策。现今社会的毕业生们需要对自身的金融福利负责。这是因为，他们在未来将会面对一系列复

① 本文所述仅为作者个人观点，不代表圣路易斯联邦储蓄银行和美联储。

② K-12教学体系是美国基础教育体系的统称，涵盖范围从幼儿园（k）到12年级（相当于高三）。

杂的金融服务和产品，如果缺乏必要的知识和技能，那么将很难合理地使用金钱来理性规划其未来的人生（例如退休）。

第二次美国国民理财能力调查（National Financial Capability Study，2013）针对成年人展开了一系列调查。当他们被问及是否有必要在学校里开展金融教育时，89%的回答都是肯定的，这说明美国人认同理财能力的重要性并且认为学校能够承担培养学生金融素养的重任。该项调查的结论之一是，保障美国公民在较低的年龄段就能够充分接触到金融教育是决策者和整个社会应当考虑的优先事项。

1.2 学校金融教育现状

在推动学校金融教育方面，尽管目前已有一些进展，但现状仍不容乐观。2014年美国经济教育委员会开展的全美普查显示，有43个州制定了相关的个人理财教学标准，比2011年的普查结果减少了3个。其中，仅有35个州要求实施这些标准（美国经济教育委员会，2014）。更少的是，仅有19个州要求学校提供一门高中金融课程，仅有17个州要求学生必须修这门课程。最令人担忧的结果是，仅有6个州要求学生进行金融概念测试。显然，制定了标准、提供了课程并不代表学生的金融知识和金融能力水平就会提高，也不代表我们离全员金融教育更近了一步。要保证个人理财教育的质量和效果，就必须进行考试。

2011年查普林学院金融教育中心使用国家数据①对各州开展高中金融教育的状况进行了评估。结果显示，60%的州得分在C及以下，这其中有44%的州仅得到D或F。若要得到A，该州必须设置独立的个人理财课程，或者作为另一门必修课程的一部分来进行教学，并且需要对学生掌握的金融知识情况进行评估。得分为F的州对于个人理财教育的要求很少或根本没有要求。

2012年首次开展的国际学生评估项目（Programme for International Student Assessment，PISA）的金融素养评估结果同样表明该项工作任重道远。这项评估被设计为测试15岁学生掌握并应用金融知识和技能的熟练程度，这些知识和技能的获取不局限于学校范围。国际学生评估项目2012“金融素养评估框架”中对于金融素养的定义如下：

> 金融素养是对于金融概念、风险和技能的认识和理解，在面临特定的金融环境时，能够积极主动地、自信地运用这些认识和理解，做出有效的金融决策，以便提高个体自身以及整个社会的福利水平，并帮助个体融入经济生活。

包括美国在内的18个国家和经济体参与了该项评估。美国的评估得分排名为第9位，排在美国之前的有拉脱维亚、波兰、捷克共和国、新西兰、澳大利亚、爱沙尼亚、弗拉芒社群（比利时）和上海市（中国）。

---

① 包括许多国家标准、个人理财知识入门联盟（Jump$tart Coalition）的K-12个人理财教育国家标准、美国财政部的“金融教育核心能力”、国际学生评估项目2012“金融素养评估框架”等。

1.3 目前正在教什么，在哪里教：个人理财是无家可归的课程吗

在《社会教育》（Social Education，2005）中，John Morton将个人理财描述为“无家可归的课程”，因为根本没有一套针对个人理财课程的教学标准，所以该课程在学院领域没有一个真正属于它的“家”。个人理财课程的教学可以被纳入中学的任何一门学科，具体取决于学校或学区的选择；该课程的教学可以由大学的社会学院进行，也可以由商学院进行，还可以由家庭与消费科学系进行，甚至可以根本不在全国性的学校里进行。

对于个人理财教学，各州和地方学区在很大程度上决定了教学内容、在几年级进行教学，以及在什么课程中进行教学。这种分散式的教学方式使得在全美范围内对教学内容和质量进行评估存在困难。尽管美国金融素养教育委员会专门为推动金融教育发布了一项国家战略，但是还缺少一门全国性的课程以便各州或学区后续跟进落实。另一项担忧则是，从事个人理财教学的教师根本就没有上过专业课程。例如，在密苏里州，所有注册教师都有资格从事个人理财教学，而不管他的专业领域是什么。

在社会学院，科学学科不会由历史教师、地理教师或数学教师来讲授，学生也不会只通过一门课程学习他们需要知道的有关科学的一切内容。此外，我们也不会忽略对于学生掌握科学知识的情况进行考试和评估。但是，在个人理财教学中，情况却恰恰相反。

1.4 课程之间的整合

如何将个人理财课程整合到其他课程也值得关注。在小学、初中和高中阶段，如果都要讲授个人理财课程的话，那么它有可能被整合到各种各样的课程当中。2010年的一项调查表明，拥有个人理财课程标准的州中，三分之二的州将个人理财课程整合到各种内容和主题的学科当中（Hill and Meszaros，2011）。有关经济教育的研究表明，仅仅将经济问题融入其他课程是不够的，当我们把经济问题放在社会学或消费经济学课程中讲授时，学生几乎不能从中学到经济学知识（Walstad and Soper，1989）。学生需要通过专门的经济学课程来充分地理解和掌握相关内容。虽然假设以上结论同样适用于个人理财课程合情合理，但是我们仍需要研究将个人理财穿插在不同课程中是否与单独开设个人理财课程一样有效。

鉴于金融教育在各地不受重视、参差不齐的现状，我们就不用惊讶于一些研究结论表明当前的金融教育方式并不奏效。但是，这样的结论合理吗？如果我们像对待其他学科一样对待个人理财课程，结果会怎样？如果我们从低年级就启动个人理财教育，并逐渐增加内容的深度和广度，直到高中阶段，结果会怎样？

越来越多的人开始认同在低年级启动金融教育的重要性。全国公立学校金融和投资者素质教育委员会建议金融教育要从幼儿园开始，并随年级提升逐步发展。社会评论认为，尽早开展金融教育是非常有必要的（Suiter and Meszaros，2005）。威斯康星大学麦迪逊分校金融安全中心2012年的一份研究简报发布了一篇有关学生学习经济和金融概

念的文章。该文指出，根据青少年的认知发展，在12岁之前，他们更能有效地掌握经济和金融概念。例如，在这个年龄段，他们逐渐拥有理解多重因果关系或多重运算的能力。还有一些研究表明，孩子的直接经验和社会化学习也是非常重要的。

基于当前的一些调查信息，我们可以说明成长期教育的必要性。根据狄杰斯（Digitas）在2012年的一篇报告，6~12岁的儿童拥有超过10亿美元的购买力（Robinson，2012）。这其中包括他们自己的花费以及通过影响父母而为他们进行的花费。这个结论强化了上文的观点，即孩子需要在成长期掌握金融知识和技能，以便其在管理钱财方面能够做出基于充分认知的决策。孩子们还会把他们在管理金钱方面的经验带进课堂，其中有些经验是正确的，也有些是错误的。因此，教师们必须能够理解并及时纠正学生的错误观念，防止学生随着年级升高进一步强化错误的观念（Soper and Brenneke，1987；Schug，1993—1994；John，1999；Sherraden，Johnson，Guo，and Elliott，2011）。

1.5 金融教育的国家标准和评估

若要使个人理财课程在当前的学术体系里占有一席之地，并保证其贯穿于K-12教学体系当中，就必须为其制定一套标准和评估体系。这些标准可以为“教什么”、“什么时候教”和“怎么评估效果”提供指导。截至目前，仍然缺乏一套基于经济思维制定的个人理财课程国家标准，即基于决策过程应用、成本收益分析的个人理财教育，同时缺少与国家级考试相关联的标准可供参考。2011年5月，在圣路易斯联邦储蓄银行举办的“21世纪K-12个人理财和经济学教育评估：知识、态度和行为”会议上，有关建立标准的想法曾被提及。会议结束后，美国经济教育委员会就成立了一个起草委员会。在经历了数次修订并征求多位专家的修改建议之后，委员会设定了六个方面的标准：获取收入、购买商品和服务、储蓄、信贷活动、金融投资，以及保护和保险。

最终文件《金融教育国家标准》（National Standards for Financial Literacy，美国经济教育委员会，2013）代表了起草委员会的意见，也考虑了其他三个团体成员的专业意见：一是为K-12教师提供专业化培训的经济和金融教育工作者；二是从全美教育机构、美联储和商业机构里筛选出的金融教育专家；三是教师以及美国经济教育工作者联盟（National Association of Economic Educators）、美国经济教育委员会、美国经济学会下属的经济教育委员会等组织成员代表。

《金融教育国家标准》（美国经济教育委员会，2013）有以下特点：

- 致力于用经济学视角达成一种实践性目标，且该实践性目标在学术上是合理的。
- 在金融教育的过程中，不假设学生拥有经济学或个人理财的先验知识。
- 在对那些缺乏经验的、只接受过有限的经济学或个人理财培训的教师们提供指导时，要使用非技术性语言，不要使用专业术语。
- 从运用经济学进行决策开始，而不是依据常在主流媒体上出现的经验法则或“固定食谱”。
- 包含一些反映行为经济学思维的基准点。
- 包含金融能力。

• 包含一些基准，分别用于指导4年级、8年级和12年级学生的授课内容和授课方式，以及如何循序渐进地增加课程难度。

• 提供了大量人们在日常生活中经常会遇到的有关金融决策的案例。

起草委员会期望该套标准能促进金融教育的发展、教学内容质量的提高以及高质量评估标准的发展。

《金融教育国家标准》发布以后，接下来就是基于这些标准开发一套国家认证的测试体系。美国经济教育委员会还成立了一个委员会，分别针对高中生、初中生和高年级小学生开发了三套测试。这些测试在2015年春季进行了试点，目前在美国经济教育委员会的网站上可以获取。有了测试体系和相关标准，学校和学区就能够有效定位K-12个人理财课程，并逐年增加课程内容的深度和广度，评估学生的学习效果。

《金融教育国家标准》和个人理财测试还可以为研究项目有效性提供素材。金融教育面临的其中一个阻碍就是缺乏这类评估。

Hathaway and Khatiwada（2008）发现大多数研究均未能揭示金融教育项目的有效性，并指出了两个可能的原因：一是由于设计或管理上的缺陷，传授知识的项目是无效的；二是评估方法不恰当。虽然他们的研究结论是针对成年人项目得出的，但是对于评估K-12项目仍然有意义。他们认为对所有类型的金融教育项目设定一个统一的评估框架是有必要的。Fox，Bartholomae，and Lee（2005）得到了类似的结论，他们推荐使用Jacobs（1998）的五级评价法。Walstad，Rebeck，and MacDonald（2010）列出了评估视频课程《资助你的未来》（Financing Your Future，Emery and Suiter，2007）所使用的五个步骤。评估金融教育项目的五个步骤如下：

（1）为内容下一个清晰的定义。

（2）对教师开展内容、课程和项目方面的培训。

（3）采用可信且有效的工具来评估特定的教育成果。

（4）采集学习前后的测试数据。

（5）在数据分析过程中要采用适当的分析方法。

Hathaway and Khatiwada推荐使用《金融教育国家标准》作为K-12个人理财教育的评估框架。基于该标准开发出来的三套个人理财测试能够为步骤（3）提供可信且有效的评估工具，并在步骤（4）中对学习前后的测试数据进行分析。

1.6 教师培训

谈及校园金融教育失败的原因时，我们常常忽略了一个重要的方面，即授课教师们是否已经准备好了。高中教师接受的是专业教育，在他们的职业生涯中，他们可以通过在职教育、研究生课程、研讨会和其他项目来接受额外的教育。小学教师和初中教师在学历（学位）教育期间会上一些基础学科课程（虽然所修的课程数量没有高中教师那么多）。此外，这些教师还要参加一个资格认证考试（通常是美国教师资格证考试PRAXIS），以证明他们已经掌握相关知识。他们也有机会参加在职进修，以便在特定的专业领域继续深造。

但是个人理财教育领域的教师就没有类似的机会。首先，如前所述，个人理财是一门“无家可归”的课程，可以在商学、家庭和消费科学、社会学或数学等学科中开设。这些学科的教师们并没有掌握全部的个人理财课程知识。例如，Loibl（2008）发现，在俄亥俄州，商学教师更擅长讲授如何投资而不是如何规划预算；相反，家庭和消费科学教师更擅长讲授如何规划预算而不是如何投资；虽然数学教师掌握了有关个人理财方面的数学知识，但是并不能充分地理解其中的经济学含义；社会学教师在上学时根本没有接受过个人理财课程训练。同样地，小学和初中教师也没有接受过个人理财教育课程培训。此外，美国教师资格证考试（PRAXIS）也不包括个人理财教育的内容。你不可能讲授你不知道的知识，有关个人理财教育的研究结果已经论证了这一点。

经合组织通过国际学生评估项目（PISA）测试了15岁青少年的个人理财知识量和解决金融问题的能力。这是首次在国际上大范围地开展针对青少年的金融素养评估，共有18个国家的学生参与其中。在排名前9位的国家中，4个国家（比利时、捷克共和国、拉脱维亚和美国）有较高比例的学生是由接受过金融学专业训练的学校教师教育的。

Mike Watts（2005）在一篇题为“什么是有效的（What Works）”的报告中描述了那些经研究证明有助于学生学习经济学的因素。在所有这些影响因素中，学生的技能和教师的经济学培训是最重要的。此外，好的教材以及教师花在经济学教学上的时间也很重要。

在个人能力之外，是教师对专业知识的熟练程度以及对待金融教育的认真程度，这与教学效果最为密切相关。2005年，Baron-Donovan，Wiener，Gross，and Block-Lieb（2005）基于一个为期2天的“教练员培训”项目，针对教师在金融教育过程中所发挥的重要作用这一问题开展过调查。该调查的目的是证明拥有不同背景的教师能否通过培训胜任基础金融教学。结合实验组的表现以及事前和事后的调查来判断教师们的满意度、自信心和主动性。该项调查包括16个金融知识问题和14个态度测试。参与者们在接受培训前的测试得分平均为81分，而在接受培训后的测试得分平均为90分。同时，在近半数的态度测试中，受试者的态度发生了实质性转变。因此，该调查得出的结论是，在接受专业培训之后，教师们不仅收获了对教学内容的深入理解，而且增强了讲授复杂问题的信心，还掌握了在课堂上如何运用素材阐述教学内容。

以上结果表明对教师进行培训是必要的。Loibl（2008）在俄亥俄州开展的高中金融教育项目还研究了教师的信心问题。她的研究主要包括：（1）从事大专业（如数学、社会学、经济学、家庭和消费科学、商学）的教师们是否有信心讲授金融方面的主题；（2）教师们收集个人理财教育信息的策略；（3）教师们需要了解的个人理财知识。Loibl的调查包括一个简短的金融知识小测验，结果所有专业的教师的测试成绩都不理想。这说明需要为个人理财讲师们提供培训。

Way and Holden（2010）开展了一项为期2年的关于个人理财教育讲师的能力和背景研究，以了解教师们在讲授个人理财课程时是否能够胜任以及是否有信心。他们发现：

• 80%的州均以不同的形式采用了个人理财教育的标准或指引，这比1998年报告中的42%有较大提升。

• 总体上有63.8%的教师们感觉自己不符合其所在州的金融教育标准。

• 89%的教师们同意或强烈同意高中毕业生们应该学习金融教育课并通过相关考试。

• 仅29.7%的教师在现有课程或者金融专题课程中讲授过个人理财。

• 仅37%的K-12教师在大学接触过个人理财课程。

• 仅11.6%的K-12教师参加过个人理财教育研讨会。

• 不足20%的教师自我感觉完全可以胜任个人理财教学工作。

1.7 个人理财教学素材

在K-12阶段进行个人理财教学，有丰富的教学素材可供选择。例如，个人理财知识入门联盟（Jump$tart Coalition）网站上拥有超过800项金融教育资源，包括图片及在线的视频、DVD、游戏和其他形式。美国总统金融能力咨询委员会（President's Advisory Council on Financial Capability）推荐的Money As You Learn网站提供了可用于在数学课和英语课上讲授个人理财的素材。有些教学素材是免费的，有些是由特定的企业或组织在市场上出售的，但价格不贵。有些教学素材质量较高，且内容正确、方法得当，也有些只是在推销某个特定产品或理念，甚至还有错误内容。

挑选出质量高、年级适用且符合各州及国家标准的教学素材是一项繁重的任务。美国经济教育工作者联盟认为，学区、教师和金融教育责任部门都需要一项工具来对课程教学和课程体系进行评估，因此，他们联合学术团体代表以及美联储制定了评估教学素材的四项标准，分别用于评估教材、课程体系、单独课程以及课外资源（如视频、活动手册和播客）。这些标准在发布前都经过了教师、经济教育工作者的试验并进行了修订，并被放在美国经济教育工作者联盟网站上供免费下载。此外，一些资源也可以通过美国金融素养教育委员会创立的mymoney.gov网站下载。

1.8 积极的实践和研究结果

目前，相关研究结果显示，金融教育、学生知识和金融能力方面的工作已经取得积极进展。Asarta，Hill，and Meszaros（2014）考察了基于优质课程设计的教师培训对教育效果的影响。研究基于特拉华州、宾夕法尼亚州和新泽西州的二年级教育，这些地区的教师均参加了"金融成功的关键（Keys to Financial Success）"培训，结果发现教师培训结合高质量的课程设计能够显著提升学生掌握个人理财知识的平均水平。Swinton，DeBerry，Scafidi，and Woodard（2007）发现，如果教师参加过个人理财教育专题研讨会，那么他们的学生在全国性考评中的得分将高于那些没有参加研讨会的教师的学生，并且教师参加研讨会的次数越多，学生的考评得分越高。Harter and Harter（2012）发现，如果教师参加过个人理财教育研讨会或者进修过个人理财课程，那么他们的学生在金融概念多项选择题测试中的得分更高。教师进修个人理财课程的效果更加明显，其学生的得分还略微高于参加过个人理财研讨会的教师的学生。Walstad，Rebeck，and Mac-

Donald（2010）的研究也表明，受过培训的教师的学生显著地掌握了更多的金融知识。

虽然有关小学阶段的相关研究数量较少，但这些研究的结论却是积极的。证据显示，开始得早、贴合学生学习规律等因素能够有效提升教学成效。Sosin及其同事（1997）在小学和初中的经济学测试中发现了类似的结论，即在小学阶段引入个人理财课程的时间越早，学生在高年级能够掌握的金融知识就越多。Berti and Monaci（1998）的一项研究发现，接受超过20小时银行类课程的学生在面试中的表现比没有接受过该课程的学生要好。即使在课程结束4个月之后，这些学生仍然记得在课程中所学的知识。Smith，Sharp，and Campbell在2008年开展的一项研究表明，对比课程前后的测试数据，由160人组成的学生实验组的表现有了明显的提升（Smith，Sharp，and Campbell，2011），但该项研究中没有引入对照组。Grody，Grody，Kromann，and Sutliff（2008）的研究基于一个3年级班级，学生被分为对照组和实验组，其中实验组的学生被要求阅读一本金融知识儿童读物，结果显示实验组的学生成绩有所提高。Sherraden，Johnson，Guo，and Elliott（2011）开展了一项小型研究，发现参加了“我会储蓄（I Can Save）”项目的小学生在4年级金融知识测试中的得分明显比没有参加该项目的学生高。

针对K-12层面的金融能力研究较少，但一些证据表明，学校里的个人理财课程起到了积极效果。Bernheim，Garret，Maki在2001年的一项研究发现，由国家主导开展的个人理财教育不仅能够显著增加学生接触个人理财的机会，还能够提升他们成年后的储蓄率和财富积累效果。他们还指出，教师和学生们也需要时间来适应国家强制要求的个人理财教育。

近期，由美国金融业监管机构基金会（Financial Industry Regulatory Authority Foundation）资助的一项研究——“国家主导的金融教育：正在推进当中（State of financial education mandates：It’s all in the implementation）”——也支持上述结论（Urban，Schmeiser，Collins，and Brown，2015）。研究发现，对学生严格要求的个人理财教育课能够提升学生的信用分数，降低青少年信用违约行为的概率。该项研究将佐治亚州、爱达荷州和得克萨斯州（此三个州均在2000年之后实施了金融教育）与那些没有实施金融教育的毗邻州进行比较，以此考察各州年轻人群的信用行为差异。结果发现，在金融教育实施3年之后，这些州年轻人群的信用得分显著提升，且信用违约率低于那些没有实施金融教育的州。研究者认为金融教育产生效果需要时间，政策实施效果存在时滞性，即实施金融教育1年后的效果不明显，但从第2年起，正向效果开始持续显现。

“亚利桑那州大学生的成功人生路（Arizona Pathways to Life Success for Undergraduate Students）”是一项针对青少年金融知识和实践变化的长期跟踪研究。该研究将以2007年亚利桑那州大学一年级的一群学生作为调查对象，持续跟踪到中年时期，通过考察大学生金融行为与其成年后的金融能力之间的关系，来了解学生们成长期的金融行为是如何为他们今后的人生带来成功和福利的。每一轮的研究结论都能够带来对该问题更深入的理解。第一轮研究成果（Soyeon and Serido，2009）表明，当今社会金融业态日益复杂，个人在金融安全中负有的责任更加显著，这意味着年轻人比以往任何时候都更需要接受金融教育。研究还表明，持续地接触金融概念能够极大地提升金融能力。因此，传统的学科教育方法也适用于金融教育，即从低年级就开展金融教育，并遵循一定的顺序和范围，将金融教育贯穿于校园学习阶段。同时，持续接触金融概念不仅能带来个人理财知识的增加，还能够激发学生终生学习的潜力，鼓励学生主动参加金融研讨会和课程、阅读金融书籍和文章。

第二轮研究结果（Soyeon and Serido，2011）进一步验证了当前金融教育工作的重要性。持续接受金融教育的学生掌握了更多的金融知识，并表现出更积极的金融行为。在这一轮的研究中，研究者们还证明了金融教育具有“滚雪球效应”：“成长期接受金融教育的经历，将呈指数倍地提高个人在今后人生中接受金融教育的可能性。”这里包括正式的金融教育以及非正式的金融教育，如阅读书本、杂志和参加研讨会等。

1.9 结论

教育是一种人力资本投资。其目的是通过训练提高学生的学习效率、实现人生价值，并养成终生学习的习惯。教育不仅给个人带来好处，对全社会而言也是有益的。因此，K-12 教学体系涵盖了广泛的内容和基本的技能，例如阅读、写作、历史、文学、数学和经济学等。之所以要学这么多，是因为学生的成长和发展需要拥有这些技能和学科知识。同样，这也适用于个人理财。

Lusardi and Mitchell（2014）认为，金融知识是一项特殊的人力资本，投资于金融知识能够获得高于平均回报率的收益。Lusardi，Michaud，and Mitchell（2012）利用生命周期模型揭示了金融知识是导致贫富不均的关键因素。这些结论都证明了“所有的学生均应接受个人理财教育”的论点。而为实现这一点，就必须出台相应的国家标准，将个人理财教育课程纳入 K-12 教学体系中进行教学和考试，同时要保证教师们具备相应的金融知识水平并使用高质量的教学素材。

参考文献

Asarta,C.J.,Hill,A.T.,and Meszaros,B.T.(2014).The features and effectiveness of the keys to financial success curriculum.*International Review of Economics Education*,16,39−50.

Baron−Donovan, C., Wiener, R., Gross, K., and Block−Lieb, S. (2005). Financial literacy teacher training: A multiple-measure evaluation.*Financial Counseling and Planning*,16(2),63−75.

Bernanke, B. S. (2006a). At the Conversation With the Chairman: A Teacher Town Hall Meeting, Federal Reserve Board of Governors, Washington, DC. Retrieved from http://www.federalreserve.gove/newsevents/speech/bernanke20120807a.htm.

Bernanke, B. S. (2006b). *Financial Literacy. Testimony before the Committee on Banking, Housing, and Urban Affairs of the United States Senate.* Retrieved from http://www.federalreserve.gov/news events/testimony/Bernanke20060523a.htm.

Bernheim, B. D., Garrett, D. M., and Maki, D. M. (2001). Education and saving: The long-term effects of high school financial curriculum mandates.*Journal of Public Economics*,80(3),435−465.

Berti, A. E., and Monaci, M. G. (1998). Third graders' acquisition of knowledge of banking: Restructuring or accretion?*British Journal of Educational Psychology*,68(3),357−371.

Center for Financial Security, University of Wisconsin−Madison. (2012). *Research briefing: Youth, financial literacy, and learning: The role of in−school financial education on building financial literacy.*

Charles Schwab Corporation.(2011).*Teen and money survey.*Retrieved from http://www.schwabmoney wise.com/public/moneywise/calculators_tools/families_money_sur veys/teens_money_survey.

Consumer Financial Protection Bureau.(2015a).Press Release.*Advanuing K-12 financial education: A guide for policymakers.*Retrieved from http://www.consumerfinance.gov/reports/advancing-k-12-financial-education-a-guide-for-policymakers/.

Consumer Financial Protection Bureau. (2015b). Press Release. *CFPB launches nationwide effort to advance financial education in schools.*Retrieved from http://www.consumerfinance.gov/newsroom/cfpb−launches-nationwide-effort-to-advance-financial-education-in-schools/.

Council for Economic Education. (2013). *National standards for financial literacy.* New York: Council for Economic Education.

Council for Economic Education.(2014).*Survey of the states: Economic and personal finance education in our nation´s schools.* New York: Council for Economic Education. Retrieved from http://www.council foreconed.org/poliey-and-advocacy/survcy-of-the-states/.

Emery,B.,and Suiter,M.(2007).*Financing your future.*New York: National Council on Economic Education.

Engel,M.(2015).Students taking financial education courses have better credit.*New York Daily News*.Retrieved from bttp://www.nydailynews.com/life-style/students-financial-education-better-credit-stud-article-1.2106166?cid=bitly.

FINRA Investor Education Foundation. (2013). *National financial capability study.* Retrieved from http://www.usfinancialcapability.org/downloads/NFCS_2012_Report_Natl_Findings.pdf.

Fox, J., Bartholomae, S., and Lee, J. (2005). Building the case for financial education. *Journal of Consumer Affairs*,39,195−214.

Greenspan, A. (2001). Remarks by Chairman Alan Greenspan: The importance of education in today's economy. Speech presented at the Community Affairs Research Conference of the Federal Reserve System.Retrieved from http://www.federalreserve.gov/boarddocs/speeches/2001/20011026/default.htm.

Grody,A.,Grody,A.,Kromann,E.,and Sutliff,J.(2008).*A financial literacy and financial services program for elementary school grades— Results of a pilot study.* Retrieved from http: //ssrn.com/abstract=1132388.

Harter,C.L.,and Harter,J.F.R.(2012).Does a graduate course in personal finance for teachers lead to higher student financial literacy than a teacher workshop?*Journal of Consumer Education*,29,35−46.Retrieved from http://www.cefe.illinois.edu/JCE/archives/vol 29.html.

Hathaway, I., and Khatiwada, S. (2008). Do financial education programs work? *Federal Reserve Bank of Cleveland Working Paper No.*08-0.Retrieved from http://www.usc.edu/dept/chepa/IDApays/publications/do_financial_education.pdf.

Hill,A.,and Meszaros,B.(2011).Status of K-12 personal financial education in the United Stated.*Journal of Consumer Education*,28,1-15.Retrieved from http://www.cefe.illinois.edu/JCE/archives/vol28.html.

Jacobs,F.(1988).The five-tier approach to evaluation: Context and implementation.In Weiss,H.,& Jacobs, F.(Eds.)*Evaluating Family Programs*(36–68).New York: Aldine deGruyter.

John, D. R. (1999). Consumer socialization of children: A retrospective look at twenty-five years of research.*Journal of Consumer Research*,26(3),182–213.

Loibl, C. (2008). *Survey of financial education in Ohio's schools: Assessment of teachers, programs, and legislative efforts.*Ohio State University P-12 Project.Retrieved from https://education.ohio.gov/getattachment/Topics/Academic-Content-Standards/Financial-Literacy-and-Business/Financial-Literacy/Loibl_ExecutiveSummary_print-1.pdf.aspx.

Lusardi,A.,and Mitchell,O.S.(2014).The economic importance of financial literacy: Theory and evidence. *Journal of Economic Literature,American Economic Association*,52(1),5–44,

Lusardi,A.,Michaud,P.,and Mitchell,O.S.(2012).*Optimal financial knowledge and wealth inequality.*Global Financial Literacy Education Center.George Washington University.Retrieved from http://gflec.org/wpcontent/uploads/2014/12/optimal-financial-knowledge-and-weathly-inequality.pdf.

Morton, J. S. (2005). The interdependence of economic and personal finance education. *Social Education*, 69(2).66–69.

OECD.(2014).*PISA 2012 Results: Students and money: Financial literacy skills for the 21st century*(Volume VI),PISA,OECD Publishing.Retrieved from http://dx.doi.org/10.1787/9789264208094–en.

Robinson, J. (2012). *The next generation of consumers.* Bostino. Retrieved from http://bostinno streetwise.co/channels/the-next-generation-of-consumers/.

Schug, M. (1993–1994). How children learn economics. *The International Journal of Social Education*, 8(3), 25–34.

Sherraden, M. S, Johnson, L., Guo, B., and Elliott, W. (2011). Financial capability in children: Effects of participation in a school-based financial education and savings program. *Journal of Family & Economic Issues*,32(3),385–399.

Smith, R. C., Sharp, E. H. and Campbell, R. (2011). Evaluation of Financial Fitness for Life program and future outlook in the Mississippi Delta. *Journal of Economics and Economic Education Research*, 12, 25–39.

Soper, J., and Brenneke, J. (1987). Economics in the school curriculum. *Theory into Practice: Developing Economic Literacy*,26(3),183–189.

Sosin,K.,Dick,J.,and Reiser,M.L.(1997).Determinants of achievement of economics concepts by elementary school students.*The Journal of Economic Education*,28(2),100–121,

Soyeon,S.,and Serido,J.(2009).*Arizona pathways to success for university students,cultivating positive finanial attitudes and behaviors for healthy adulthood.* Retrieved from http://tcainstitute. org / UA% 20APlus%20report%20v9.pdf.

Soyeon, S., and Serido, J. (2011). *Young adults financial capabilities wave 2 Arizona Pathways to success for university students.*Retrieved from http://tcainstitute.org/APLUS-Wave-2-Report.pdf.

Suiter, M., and Meszaros, B. (2005). Teaching about saving and investing in the elementary and middle school grades.Social Education,69(2),92–95.

Swinton, J., DeBerry, T. W., Scafidi, B., and Woodard, H. C. (2007). The impact of financial education workshops for teachers on students' economics achievement. *The Journal of Consumer Education*, 27, 63–77.

Urban,C.,Schmeiser,M.,Collins,M.J,and Brown,A.(2015).State of financial education mandates;It's all in the implementation.*Insights:Financial Capability*.Washington.DC：FINRA Investor Education Found. Retried from https：//www.finra.org/sites/default/files/investoreducation foundation.pdf.

Walstad,W.,and Soper,J.(1989).What is high school economics?Factors contributing to student achievement and attitudes.*Journal of Economic Education*,20(1),23–38.

Walstad,W.B.,Rebeck,K.,and MacDonald,R.A.(2010).The effects of financial education of the financial knowledge of high school students.*Journal of Consumer Affairs,Special Issue：Financial Literacy*, 44(2),336–357.

Watts,M.(2005).*What works：A review of research on outcomes and effective program delivery in precollege economic education*.New York：Council on program delivery in precollege economic education.New York：Council on Economic Education(formerly the National Council on Economic Education).Retrieved from http：//www.councilforeconed.org/wp/wp-content/uploads/2011/11/What-Works-Michael-Watts.pdf.

Way,W.,and Holden,K.(2010).*Teachers' background & capacity to teach personal finance*.National Endowment for Financial Education.Retrieved from http：//www.nefe.org/what-we-provide/primary-research/grant-studies-teachers-preparedness-and-money-man.aspx.

第2章　我希望他们在高中时都能接触到优质的金融课程

John Pelletier

2.1　引言

在美国，很多高中金融素养教育做得很棒。这些金融教育工作者热情、投入，奉献于公民的个人理财教育事业。尽管一些研究已经指出，他们所做的努力会对很多学生的金融生活产生正面影响，但只有你亲身经历过那种金融教育工作者带领高中生学习金融知识的浩大阵势，你才会真正理解他们所做出的巨大贡献。

在过去的五年里，我有幸培训了多位高中教师并与他们合作，他们将个人理财教育带进了课堂。有些情况下，他们开设了一门独立课程，把金融教育作为高中生的必修课或选修课。还有些情况下，个人理财概念只是作为一部分内容，被嵌入其他课程，例如经济学课程或生活技巧课程。

这些教师都有类似的经历，就是当他们告诉孩子家长“他们在教什么”的时候，家长们通常会说，自己多想高中时也能接触到这样的课程。家长们通常会真诚地表达对于自己孩子能够上这样的课程的感激，甚至还流露出一丝嫉妒。学生们也会骄傲地大声宣布：他们运用课堂所学内容，给了父母有用的建议，比如讲解信用记录是怎样发生的以及如何保持良好的信用。

尽管上述故事听起来鼓舞人心，但是很多研究也质疑个人理财教育的有效性。有些研究者声称，金融教育与提高金融素养、改善金融行为以及提高金融产出不存在因果联系。他们认为在高中阶段开展金融教育是极其错误的。我们要怎样看待这些学术研究的负面结论与家长们认可之间的冲突呢？解决办法之一是聚焦于未来的研究，将研究对象锁定为美国国内或各学区接受过优质金融教育的高中生。

未来的高中阶段研究应重点关注少数将个人理财课程作为必修课的几个州的公立学校高中生。通过研究美国国内最重视个人理财教育的那些州，我们能更精确地衡量高中金融素养教育的影响。如果在最重视个人理财教育的这些州里，金融教育并没有对学生的认知和行为产生明显影响，那么在这方面投入如此巨大的精力就要受到质疑。相反，如果个人理财教育对学生的认知和行为产生了积极的、显著的影响，那么这类措施就是合理的，并且只要满足条件就能取得成功。

2.2 高中金融素养教育案例

为什么年轻人拥有个人理财技能很重要？原因很简单，金融素养关乎他们成年后的人生是否成功。这意味着他们有能力利用所掌握的知识和技能合理地管理金融资源，从而在人生中享受金融福利。

毋庸置疑，年轻人需要掌握金融技能：

• 个人需要做出的金融决策持续增加，金融产品的多样性和复杂性日益增长。

• 很多学生都没有意识到：他们即将做出人生中最重要的金融决定，即决定是否在高中毕业之后继续接受高等教育，以及选择什么专业进行深造。

• 当大多数大学生依靠助学贷款来接受高等教育时，他们常常不完全清楚到底贷多少款是合适的，这意味着他们需要考虑所学专业在未来毕业后的收入水平。很多大学生不了解金融援助、贷款、负债、信用、通胀和预算编制。

• 年轻人通常不了解日益复杂的金融产品和服务，但他们成年后却要用到这些（如借记卡和贷记卡、抵押贷款、银行业务、投资及保险产品和服务、发薪日贷款、先租后买、信用报告以及信用评分等）。

• 采用固定收益的养老金计划大幅减少，而采用固定缴费的养老金计划大幅增加。后者要求个人在储蓄、投资等方面承担更多责任，在使用养老金方面更加理智。如果在储蓄和投资方面做得不够好，那么这些人就可能增加社会经济负担。

• 研究表明，在一项包含5个基础金融知识问题的问卷调查中，仅有24%的千禧一代能够答对4题及以上（Mottola，2014）。相比之下，婴儿潮一代（1946年至1962年出生）答对4题及以上的人数占46%。显然，年轻一代的金融知识水平比不上他们的上一代。

• 在学校或家里接受个人理财教育的高中生太少了。事实上，有一项调查显示，家长和孩子谈论金钱话题会像谈论性话题一样感觉不适（Charles Schwab & Co.，2011）。

2008年的金融危机充分表明，缺乏金融素养是导致个人做出错误金融决策的重要因素之一，而这些错误决策对国家造成了重大负面影响。

就像前总统Bill Clinton在一次会议上说的那样，金融素养是“一个非常吸引人的词语：花钱精明点，别搞砸了，尽可能节约以及知道经济是怎样运作的”（Klein and Giordano，2014）。金融素养就像阅读、写作和运算一样，通过赋予个人“创造资本”的能力来构建人力资本——买房、上学、应对不时之需和储蓄退休金。金融素养教育不是授人以鱼，而是授人以渔，要教会人们知识和技能，帮助他们走出金融困境，或者是防止发生金融风险事件。

如果说金融素养是21世纪年轻人获取成功所必须具备的生活技能，那么为什么美国年轻人不能完全驾驭这些内容呢？我们不允许没有接受过驾驶培训的年轻人来开车，但是却允许没有接受过相关教育的年轻人参与复杂的金融世界。让一个未受过金融教育的人拥有信用卡、办理助学贷款和抵押贷款，无论对于个人还是对于社会都是危险的，这无异于让一个没有驾照的人驾驶汽车。

个人理财教育计划的基本要点是通过学校和家庭教育教会年轻人如何看待金钱及其价值，如何储蓄、投资和消费，以及如何避免浪费金钱。金融素养欠缺，可能导致下一代的美国领袖、创业者、企业家和纳税人缺乏在这个日益复杂的金融世界中生存和发展的必要技能。

毕业时，高中生至少应该了解信用原理、预算规划以及如何储蓄和投资。大学毕业生不仅需要明白以上概念，还要知道收入与职业之间的联系，以及助学贷款如何操作。步入社会的成年人应该知道应急基金和退休基金的重要性，清楚需要储备的资金量。

2.3 为什么要关注高中个人理财教育

根据研究目的关联度，公立高中金融教育项目应该被关注和重点研究。国家金融素养教育要求和标准趋向于大部分针对高中阶段，较少针对或没有涉及小学和初中阶段。同时，在高中层次上，有很多组织机构负责监督国家所要求的个人理财教育的实施情况，但在小学和初中层次上相对就少了很多。

必须承认，研究可能忽视在高中阶段辍学的学生。国家教育统计中心（National Center for Education Statistics）指出，2012年高中生辍学率（16岁至24岁间未入学或未获得高中文凭的人口比例）为7%（美国教育部，2015）。对于很多人来说，高中阶段是金融独立的起始阶段。同时，对于很多人来说，高中阶段也意味着受教育经历的结束。根据美国劳工统计局（Bureau of Labor Statistics）的统计数据，2014年仅有68.4%的高中毕业生继续他们的求学生涯（美国劳工部，2015）。

由于存在大量公立的、非营利性的和营利性的学校，大学金融教育的数据统计口径无法做到全国统一。对于那些高中毕业后选择继续深造的学生来说，大学里的个人理财课程稀少零散，只有少数大学提供了个人理财选修课，而将其作为必修课的更少。对于那些高中未毕业或未走进大学的人而言，他们立刻置身于一个需要自己管理日常生活支出的环境中。综上所述，高中阶段对年轻人来说似乎是最好的也是最合理的接受个人理财教育时期。

由于统计数据是根据金融教学要求跟踪收集的，因此，那些对高中阶段金融教育有明确要求的州理所当然地成为考察个人理财教育效率的最佳实验场。这些州的数据也可以用于比较研究，可将那些没有针对高中个人理财教育提出明确要求的州近似作为控制组样本。

2013年，查普林学院金融教育中心对50个州开展高中金融教育的情况进行了评级（Pelletier，2013）。结果显示，只有少数几个州对个人理财教育有严格的要求。基于最新研究，极少数州要求开设一门独立的必修课，聚焦于个人理财主题（一般来说是为期一个学期即半个学年的课程）。在教育中心2013年研究中，40%的州被评为A或B，60%的州被评为C及以下，其中44%的州被评为D或F。显然，基于不同的努力程度，各州学生的个人理财知识和行为评测结果也呈现出巨大的差异。

2.4 这些研究结论告诉我们什么

金融教育领域研究人员关注的基本问题是：在参加完个人理财教育项目后，个人理财知识水平和金融行为会因为这些措施有所提升或改善吗？基于对188项相关研究的分析，结论是矛盾的（Miller，Reichelstein，Salas，and Zia，2014）。通过对这些研究结论的梳理发现，有18项研究聚焦于美国高中个人理财教育，其中10项研究得出高中金融教育对学生的知识和行为产生了积极影响，另外8项研究认为二者之间没有必然联系，但在这8项研究中，有3项研究表明在接受金融教育之后，学生的储蓄行为和其他一些金融行为得到改善。56%的研究结果是正面的，44%的研究结果是负面的，这表明金融素养教育的影响结果依然存在较大程度的不确定性。基于上述分析，对于高中个人理财教育是否对学生的知识和行为产生积极影响，没有一个明确的论断。

让我们来简要回顾一下这些有关个人理财教育研究的主要观点，包括针对高中阶段以及其他阶段的金融教育。这并不是严格意义上的文献综述，仅仅是对支持不同结论的研究观点的梳理和总结。

2.4.1 金融知识水平的提高能改善个人理财行为

很多研究表明，那些金融知识水平较高的人通常比那些金融知识水平较低的人表现出了更好的理财行为（Gale and Levine，2010；Lusardi and Mitchell，2014）。以上研究支持这样的假设，即金融知识丰富的人通常能做出更正确的金融决策。金融知识水平较低的人通常没有支票账户、应急储蓄基金、退休计划，也不持有股票资产，但是，金融知识水平较低的人常常更可能申请发薪日贷款，按支付最小还款额方式偿还信用卡，持有高成本的抵押贷款，拥有更高的债务，存在欠妥的行为。这类结论是显而易见的，金融素养最高的人通常会做出最明智的个人理财选择。

2.4.2 金融素养教育能提高金融知识水平

还有一些研究结果支持了金融素养教育能够提高金融知识水平的假设（Brown，Grigsby，Klaauw，Wen，and Zafar，2014）。如同更高的金融知识水平能产生更好的理财行为一样，如果金融素养教育项目能够成功地提高金融知识水平，对社会是十分有益的。接受金融素养教育的市民越多，就会有更多的人在他们的人生中做出更好、更明智的金融决策。然而，一些研究也表明，金融素养教育产生的影响会随着时间的推移逐渐消失。

2.4.3 金融素养教育不能提高金融知识水平

由于一些针对金融素养教育的研究本身存在很多缺陷和弱点，其认为金融素养教育有效的结论也应受到质疑（Wills，2008）。同时，很多研究表明金融素养教育的效果很小或者几乎没有积极效果。而且，金融素养教育项目本身既费钱又费时。如果金融素养教育真的没有作用，那么公共政策就不应该关注这些类型的个人教育项目。取而代之的是，政策制定者更应该去关注对金融产品和服务的监管。这类似于对食品和药品的监督管理，目的都是防止消费者伤害其自身。

2.4.4 金融素养教育不能提高金融知识水平，但对于改善理财行为有正面影响

虽然金融素养教育没有显著提升金融知识水平，但是有证据表明，这些教育干预行

为对特定的个人理财行为还是产生了积极的影响（Mandell and Hanson，2009）。在个人理财教育项目结束后，评估受教育者的理财行为比评估其金融知识水平更重要。

2.4.5 当前的金融素养教育是不成功的，如果换一种教学方法，就有可能奏效

通过综合分析200项针对金融素养教育的研究结果发现，金融知识水平的提升并不显著，并且金融素养教育效果随着时间推移而不断衰退（Fernandes，Lynch，and Netemeyer，2013）。基于这些研究结果，研究人员建议在个体即将做出金融决策前及时给予一种较弱的教育干预。这种“及时性”教育干预行为可应用于多种情况，比如买车、买房，或采用固定缴费退休计划时进行的资产配置决策。

2.4.6 金融素养教育并不是产生良好理财行为的原因

与数学训练、个人行为特质等其他因素相比，金融素养教育并不一定是金融知识水平提升的原因（Cole and Shastry，2008；Cole，Paulson，and Shastry，2014）。良好的理财行为和金融素养教育之间的相关性很弱或几乎没有。相反，良好的理财行为似乎与金融素养教育以外的其他因素之间有更强的相关性。

2.5 我们是否询问了正确的问题并评测了正确的事项

我们需要先从不同维度来评估高中金融教育的有效性，然后才可以对它的成败下结论。以下问题是需要研究人员在研究过程中适当涉及的：

- 金融教育课程的教学目标有哪些？在一些州，即便个人理财课程是必修课，但具体课程标准仍是相当稀少和模糊的。
- 金融教育主题的教学应选取什么样的课程？这些课程的有效性是否得到了第三方专家或研究的论证？
- 在课程设计中，金融教育课应被设计为多少学时？如果被包含在一门一学期60学时的教学课程中，金融教育主题应该被安排多大比例的学时？单独设立一门金融教育课与在一学期经济学课程中将20%的学时（大约12学时）用于金融教育相比，二者之间有本质的不同。我们或许可以发现，成功的金融教育需要在一段时间内对学生进行持续的、强烈的主题内容“曝光”。
- 负责金融教育的教师对于胜任这门课程教学工作有几分信心？
- 负责金融教育的教师在各自生活中表现出来的金融行为是好还是坏？
- 哪些人可以成为金融教育的教师？是否需要一个特定的招聘程序，对学历背景或培训经历（例如个人理财本科或研究生学历）有所要求？还是说，管理者可以安排任何人从事个人理财教学工作？对于大多数高中学科，如数学、语文和科学，各州几乎都对任课教师有严格的学历背景要求。令人失望的是，对金融教育工作者却很少有相应的要求。教师自学并不能产生最优的教学结果。
- 应该使用哪类标准评估学生对个人理财课程知识的掌握情况？这份专业的评估试题是否经过充分的论证以及有效性检验？命题专家或研究人员设计的评估试题是否经过了心理学专家审查和教育专家验证？
- 是否设立了相关基金，可供金融教育工作者和学校提高课程质量以及教师培训工

作使用？

• 是否存在一个稳定的由州政府发起的网络交流平台，供金融教育工作者共享经过审查的、可信的教育资源？这不单是一个资源列表。这些资源都是经金融教育工作者极力推荐并及时更新的。

• 评估是否纳入了未接受过金融教育的对照组学生？评估过程是否随机？设置对照组能够有效地比较接受过金融教育的学生与没有接受过金融教育的学生在成绩上的差异。

• 金融教育课程是否被指定为全体学生的必修课或选修课？如果是选修课，那么评估可能存在自主选择偏差的问题。例如，在有些学校，金融教育课程被赋予数学类学分，主要由那些不打算接受高等教育的学生来选修。这些课程代替了更难的数学课程，例如代数或微积分入门。

• 如果我们针对高中个人理财教育效果开展一项长期纵向研究，并将研究时间延伸到学生毕业以后，哪些行为指标可以作为合适的度量标准？信用评分、使用银行服务状况、破产情况、信贷违约率以及退休储蓄等都是可以考虑的指标。

目前，还没有一项研究能够完整地考虑上述问题，甚至没有包含大部分问题。

2.6 测试高中个人理财教育有效性的理论框架

如果我们能够创造一个近乎完美的测试环境，用于判定高中金融教育是一项明智的公共政策措施还是浪费时间和精力，那么这样的测试环境应该是什么样的？以下推荐一个用于测试高中金融教育有效性的理论框架。

2.6.1 研究应基于“以一学期必修课方式作为高中学生毕业强制要求的地区”

研究应重点关注那些将个人理财课程作为必修课的州或学区。一学期个人理财课程会让学生接受高强度的个人理财培训。一学期课程大约60学时（基于卡耐基学分）。这些学时不包括学生花在家庭作业上的时间。过去很多研究都没有考虑这种高强度教学。如果研究针对的是将个人理财放在另一门课程（如经济学）中进行教学的方式，那么针对金融教育时效的研究结论就可能不准确。

2.6.2 研究应基于“具备健全金融知识教学目标和标准的地区”

研究应重点关注具有良好金融知识教学目标和标准的州和学区。这些标准应该与受到高度认可、国家认证或国际公认的金融知识标准进行比较。可用于评价这些教育标准的三个文件包括：（1）个人理财知识入门联盟第四版（2015年）的《K-12个人理财教育国家标准》（National Standards in K-12 Personal Finance Education）；（2）2013年美国经济教育委员会制定的《金融知识国家标准》（National Standards for Financial Literacy）；（3）经合组织国际学生评估项目2013年出版的《PISA 2012评估和分析框架，包括数学、阅读、科学、问题解决和金融知识》（PISA 2012 Assessment and Analytical Framework; Mathematics，Reading，Science，Problem Solving and Financial Literacy）。

2.6.3 研究应明确区分不同专业背景的教育工作者

研究应当按照“能否判别某种金融教育方法是否比其他方法更有效”的方式搜集相

关数据。例如，一个州可能允许不同专业背景的人来开展金融知识教学工作，如商业、社会研究、数学、技术、农业、家庭和消费科学，甚至驾驶培训。我们必须了解教育工作者的专业背景。基于同一个变量，教师的不同专业背景可能会对学生知识和行为的测量结果产生很大的影响。教育工作者的学科背景应当被作为一个重要数据字段进行收集。

2.6.4　研究应确定是否存在通过多种途径来完成任务的项目，并评估不同途径的差异

各个高中通过哪些方式提供金融教育课程？一些将金融教育课程纳入必修课的高中通常会把金融教育课程用于替代社会研究和数学课的学分。金融教育课程被设计成可以满足两个专业的要求。例如，如果一所高中要求毕业前必须修满四门数学课程和三门社会学课程，而一门金融课可以同时满足两类课程的要求，那么在这类学校里，不同类型的学生可能会以不同方式选择金融课。那些高中毕业后就不再接受高等教育的学生通常把金融课作为数学学分课来完成，而那些计划在高中毕业后进入高等教育机构的学生通常把金融课作为社会学来选修。这种基于自身选择产生的分类可能是（也可能不是）学生知识和行为整体结果的一个影响因素，如果可能，这种情况也应该被跟踪研究。

2.6.5　研究应当评估课程质量、教学工具和在线教育资源工具

研究应评估各州或学区教师的课程质量和所用工具的质量。是否在课堂中采用了国家认证的相关课程？课程效果是否经过了测试？是否包含了国家认证金融素养教育标准中的教育主题和教学目标（见2.6.2）？教师是否可以访问用于支持课堂教学的可信网站，使用经过认证的相关工具（包括适用于各年级的课程、教学计划、视频、游戏、活动、项目、案例研究、计算器、书籍、文章、实地考察机会等）？在线资源是否是由金融教育工作者上传的？只有基于高质量的课程和课堂工具，教育工作者才能获得成功。

2.6.6　研究应该考虑对教师资质和教育期望的要求

研究应当基于那些要求教师至少接受了最低水平的金融教育培训才被允许授课的州或学区。这可以通过对教师资格认证的获取要求或者对教师资格认证更新的继续教育要求来确认。这种资格认证是标识在教育工作者教学许可证上、注明了许可证持有者允许讲授的特定主题或年级的声明。然而，绝大多数州没有高中个人理财课程教学相关的认证或继续教育要求。

2011年，查普林学院金融教育中心开展了一项针对高中生金融教育的调查，并将调查问卷发送给佛蒙特州的所有管理人员（包括校长、校长助理、院长、院长助理和课程负责人）（查普林学院金融教育中心，2011）。平均95%的受访者认为他们目前有教师达到了可以开展特定金融教育的标准（基于个人理财知识入门联盟的教育标准）。令人哭笑不得的是，这些管理人员同样认为金融教育工作者非常缺乏个人理财教学的指引。“可能”可以讲授金融课程的教师与训练有素的教师讲授金融课程的效果是截然不同的。高中金融教育工作者来自许多专业领域。一些对金融教育主题非常感兴趣的教育工作者也可能从未接受过专业培训。想象一下，如果未经训练的教育工作者被允许讲授语言艺术、数学、历史、政治或外语，学生父母的反应将会如何。

金融教育培训对提高教育工作者的信心和能力至关重要，但这种培训鲜有提供。该中心的高中和初中金融教育培训项目（包括45个小时的教程）参与了一项研究。该研究衡量了三个州不同组织开展的类似（但不完全相同）教育培训项目的效果。这些地方提供了个人理财主题相关的教育工作人员培训，并通过调查获得了教育培训前后教育工作者的信心、态度和行为等方面的信息。认为自己具备有效讲授学生所需金融知识的能力的教育工作者占全体被调查者的比例从培训前的38%上升到培训后的80%（Hensley，2013）。经过培训后，教育工作者自己的金融生活也有了积极的变化。例如，采取措施提高自身信用评分的人员比例从培训前的39%增加到培训后的71%。本研究也显示了该领域教育培训的影响力之大。

2.6.7 研究应该考虑教育工作者的态度、个人行为和信心水平

一个成功的研究不仅应该衡量学生的行为和知识水平，还应该考虑到参与项目的教师态度、个人行为和信心水平。教师的态度和个人行为与学生的知识和行为水平之间是否存在相关性？教师对讲授个人理财概念的信心与学生成绩之间是否存在相关性？如果能以可信的方式获取这些教学数据，可能可以得出有趣的结论。

2009年开展的一项调查覆盖了超过1 200名K-12教师、师范生及其教师，调查了他们对金融教育重要性的看法以及他们针对这些主题的教学能力。以下是该研究的一些结论（Way and Holden，2009）：

- 将近64%的教师认为其金融知识教学水平没有达到该州要求的标准。
- 不到20%的教师表示“非常有能力”讲授调查所包含的6项个人理财主题内容。
- 只有37%的K-12教师参加了金融教育相关的大学课程（可能是一门经济学课程）。
- 参加过大学金融教育课程的教师（与没有参加过大学金融教育课程的教师群体相比）认为自己有能力讲授金融课程的比例要高出50%。
- 90%的教师认为个人理财课程应该被纳入高中阶段的必修课。

通过测试一组人数较少的教师来评估一个教育项目的研究，有关教育工作者自身的洞察，以及他们是否从培训、信心或生活经验等方面有效地准备好讲授金融课程的数据往往是缺乏的。如未来有可能获得这方面的信息，也是非常有益的。

2.6.8 研究应使用通过实地检验的、经过认证的、由专家创建的标准来进行评估

与数学、阅读和科学一样，金融知识被认为是现今年轻人在生活中取得成功所必需的基本技能。事实上，经合组织针对15岁人群的国际学生评估项目测试新近增加了金融素养测试项目。然而，美国在这项国际评估中的结果令人沮丧。在参与评估测试的13个国家中，美国排名第9位，排在俄罗斯等国家和地区之后（OECD，2014）。尽管受到国际关注，但美国没有针对高中学生的经过验证且被普遍接受的专业金融素养评估工具。评估测试，即使存在，也是基于课程的。基于课程的评估与其他科目（如语言艺术和数学）的评估方式不一致。

研究人员应该使用一种广泛应用并且有效的金融素养评估测试来衡量教育对提升知识水平的效果。一项有效的测试将衡量经济体中有效参与者所需要的所有至关重要的知

识和技能，而不仅限于任何特定的课程或教学模式。尽管已经付出许多努力来改进金融素养评估，但它们还存在一些严重的缺陷。如前所述，现有的金融素养测试主要是基于课程的，并且是狭隘、特定的课程。此外，不同的研究之间，金融知识评估几乎没有一致性。此外，由于难以创建高质量的评估，这些评估通常在技术上存在缺陷，无法准确衡量所需的金融素养技能。

研究人员应当采用一套包含多元化主题的质量测试标准，包括开创性金融教育文献和被国家、州和国际金融教育项目广泛采用的主题。这意味着无论接受的是何种课程教学，不同州或学区的学生都可以通过标准化内容框架接受测试。

测试中的所有问题都应由心理计量学家（检测测试程序有效性、可靠性和公平性的专家）验证。公正审查员应在发布前审核每个问题，以确保问题的代表性和无偏见。其他需要审查的方面有：（1）明确度，即所有问题都应以直截了当的方式提出，具有可读性，确保不会干扰考生的回答能力；（2）重要性，即所有问题都应反映重要的内容和技能，并且这些重要的内容和技能经常在教学中涉及；（3）以证据为基础，即每个问题都能作为学生知识或技能水平的证据来源，每一项都能清楚地提供论证其达到相关技能和知识要求的证明。对这些材料进行心理测量分析不仅要确保项目和评估具有高质量，而且要确保这些评估所产生的分数能够被清楚地予以解释。研究人员应该采用由评估专家创建的、经过实地检验和论证的测试。

金融教育的研究者往往不是使用一项标准评估工具，而是创建他们自己的特殊评估问卷。如果学生评估工具存在缺陷，那么评估结果也会有缺陷。

研究人员和政策制定者需要学生金融素养技能水平方面的高质量数据，以便在构建成功的高中金融教育战略方面做出明智的决策。需要的数据有：（1）揭示金融素养知识方面的差距；（2）确定哪种金融素养教育策略最为成功；（3）找到可与全国教育工作者分享的最佳课堂实践；（4）发现个人理财教育中持续性的效率提升。有效的测试可以确保金融教育标准得到满足，并鉴别出需要进一步强调的主题和标准。一项标准化的测试可以衡量学生、班级、学校、地区和其他相关组织的金融素养改善情况。一项针对年轻人金融素养水平的稳健评估可以在国家层面考量当前的金融教育方法是否有效。一项标准化的专业测试可以成为衡量未来几年项目成功与否的评估基准。相关机构应获取资助以开发一个有效的国家金融素养评估工具，并将其提供给各州、各学区和研究人员。

2.6.9 研究应基于有资金保障的地区

研究应该重点关注愿意为高中金融素养教育项目提供资金保障的州或学区。这样的州或学区为学校和教育工作者提供资金支持，以便他们能够采用优质的课程、课堂工具、专业培训和课后评估工具。从实践角度来讲，没有资金支持的项目不太可能获得成功。

2.6.10 研究应使用对照组

在进行研究时，研究人员还应该衡量一群尚未参加金融教育课程的高中生的知识和行为水平。这些“对照组”学生的年龄和其他相关方面应该与接受金融教育课程的学生相似。大多数高中研究只关注特定课程对参与学生的影响。与最佳科学研究标准一致，获得课程教育的“治疗组”学生应与未获得课程教育的“对照组”学生进行比较。

2.6.11 长期跟踪研究和测量的关键因素

长期跟踪研究应该关注那些被要求必须参加过单独开设的个人理财课程才能毕业的学生。这些被要求参加个人理财课程的学生是否比没有参加过类似课程的学生有更好的金融产出？鉴于从任何一门高中课程中获得的知识都可能随着时间推移被逐渐遗忘的现实，长期跟踪研究至少应该在学生高中毕业后跟随其十年。相对于衡量具体知识的问题（例如，谁是美国的第五任总统），我们更应该关注行为评估。当控制某些因素（如受教育程度和收入）时，那些在成长阶段被要求参加个人理财课程的学生是否比未参加的学生表现出更好的金融行为？测量的指标可以包括信用评分，支票和储蓄账户的使用，信用卡付款习惯，信用违约率（抵押贷款、信用卡、汽车贷款和学生贷款），共同基金、股票和债券等金融资产的保有量，退休计划参与程度、退休储蓄以及建立应急基金等。其中一些国家级、州级和地区级的数据目前可以获得。

2.7 当前契合上述框架标准的相关高中金融教育研究

最近有两项研究符合上述研究框架的一些要求。两者都有令人印象深刻的结果，且都与高中个人理财教育的效率有关。

• 金融素养教育改善信贷行为。一组研究人员研究了最近要求在高中进行金融教育的三个州（Brown，Collins，Schmeiser and Urban，2014）。通过使用具有说服力的数据，他们衡量了遵循这些新要求的毕业生的违约率和信用评分，并将他们与附近州年龄相似的一些没有接受过金融教育的人进行比较。研究人员得出结论，尽管个人理财教育在每个州都是高中经济学课程要求的一部分，但强制性的个人理财教育改善了年轻人的信用行为。

• 健全的教育培训和精心设计的课程是有效的。另一项研究表明，通过学习一门精心设计的个人理财课程（一学期的时间），该课程由参加过为期一周30小时培训的教育工作者讲授，学生在研究者设计的考试中所有标准和概念下的平均个人理财知识水平有所提高（Asarta，Hill and Meszaros，2014）。

2.8 我们是不是对个人理财课程设定了比其他高中课程更高的标准

我们需要对单一高中课程在个人一生中所能达到的成效抱有合理的期望。也许学术研究人员对接受不同程度个人理财教育的学生学习一个高中课程期望过高。我们希望把个人理财教育作为另一门课程的一部分，如经济学（给予半个学年的课程），使得那些在高中阶段学习过这门课的人，能够在他们三十岁、四十岁或五十岁时，比从未接受过这门课学习的人在金融素养方面表现得更好。记住，只有少数几个州把独立的金融课程纳入毕业要求。有些高中把金融教育嵌入经济学、公民学或生活技能课，这些高中的学生可能只是获得了最低限度的金融知识相关主题的课堂学习。这些所谓受过良好个人理财教育的高中生却被期望在全面的个人理财知识测试中取得更好的成绩，还被期望在未来的人生中拥有更好的信用评分、更妥当的储蓄行为、更多的退休储蓄资金、更低的破产概率，以及更低的信用违约和信用卡债务。几十年后，这种个人理财教育经历（在某些州可能不到10小时的教学时间）还必须被证明能够极大地改变他们的生活，不然，我们只能得出这些教育工作以失败告终的结论。

然而，我们没有拿这一严苛的要求针对其他高中课程。我们有没有对公民课、外语和微积分等课程设定同样高的知识和行为标准呢？

我们从各种针对金融教育领域的研究中了解到，随着年龄的增长，金融教育的影响会逐渐降低。这不足为奇，5年、10年、20年甚至30年前的课程可能会失去其影响力。然而，几乎所有高中课程都面临这样的情况。

公民课是针对公民权利和义务的学习。许多高中都需要讲授政治课题。美国公民的一项基本权利是投票，特别是选举美国总统。但自1972年以来，总统选举中的选民投票率一直低于60%（美国总统计划，2015）。基于这个结果，难道我们应该停止在课堂上讲授公民课吗？当然这个论点是愚蠢的。我们没有得到所希望的选民投票率，仅凭这一点不足以让我们认为应该停止这种形式的教育或者认定这种教育是无用的。

试想一下，如果完全基于由30岁、40岁或50岁人群参加标准化微积分评估考试的成绩来评判高中微积分课程的质量，例如在高中毕业几十年后参加大学微积分测验，结果是否合理？毋庸置疑，即使是由模范教师所讲授的微积分课程也不能仅仅基于10～30年后的结果来进行评判。我们认为，个人理财知识能够在高中毕业后数十年中仍然发挥作用，但在高中阶段学习的其他学科绝不会达到这种效果。

教育是需要循序渐进的，效果是需要累积的。比如学数学需要从计数开始，先学加法和减法，然后是乘法和除法，从代数慢慢到微积分。你要先学会字母，才能够进行阅读。但出于某种原因，我们并未将累积学习的概念应用于对个人理财教育效果的理解。大多数研究都是针对高中生或成年人的单一个人理财教育措施，并且许多成年人研究都专注于低收入成年人。

在一个完美的情景下，我们可以衡量真正累积性的金融教育成效的好坏。但这需要考虑不同年龄段，从幼儿园到12年级，甚至大学。显然，在任何地方都很难找到这种持续性的金融教育活动。教育工作者通常缺乏将个人理财教育融入课堂能力方面的培训。即使在开展教师培训的地区，也通常只关注高中教师。即使一个州针对K–12各年级学生都设定了掌握金融概念的要求，州政府往往也不会跟踪或衡量当地学区层面教学目标的实现情况。而且，由于缺少培训资金，很多教师得不到金融教育培训的机会。

就连由训练有素的专业人员进行K–12年级持续金融教育的计划都从未开展过，更不用说对这方面的研究和评估了。但是，研究人员似乎期望这方面的知识和行为结果有所改善，期望可与其他主要领域（如数学和语言艺术）中存在的K–12累积学习成效相媲美，这难道是对金融教育的客观或公平的评价吗？

2.9 结论

我们必须评估高中个人理财教育措施的适当性和有效性。但是，这种评估应该在最有可能成功的测试条件下进行，并选择正确的州和学区进行。我们需要了解教育项目的强度、教师的素质和他们的专业水平、教学使用的课程和工具质量，以及对学生评估本身的质量。在得出金融素养教育成功与否的结论之前，我们需要对关键行为指标进行长期跟踪研究。我们还需要没有参加个人理财课程学习的对照组学生。如果执行不当，那么课程结束时的评估结果和长期跟踪研究也是无效的。因此，只有当我们拥有合适的测试条件时，我们才能了解高中金融教育措施是真正有效，还是只是浪费时间、精力和资源。

参考文献

Asarta,Carlos,Andrew Hill and Bonnie Meszaros.2014.The Features and Effectiveness of the Keys to Financial Success Curriculum. *International Review of Economics Education* 16: 39–50. Retrieved from http://www.sciencedirect.com/science/article/pii/S1477388014000140#.

Brown,Alexandra,J.Michael Collins,Maximilian Schmeiser and Carly Urban.2014.State Mandated Financial Education and the Credit Behavior of Young Adults.Finance and Economics Discussion Series Divisions of Research & Statistics and Monetary Affairs Federal Reserve Board Working Paper 2014–68.Retrieved from http://www.federalreserve.gov/pubs/feds/2014/201468/201468pap.pdf.

Brown,Meta,John Grigsby,Wilbert van der Klaauw,Jaya Wen and Basit Zafar.2014.Financial Education and the Debt Behavior of the Young.Federal Reserve Bank of New York.Staff Report No.634.Retrieved from http://www.newyorkfed.org/research/staff_reports/sr634.pdf.

Center for Financial Literacy, Champlain College. 2011. Financial Literacy Education in Vermont High Schools: A Snapshot.Retrieved from http://www.champlain.edu/centers-of-excellence/center-for-financial-literacy/cfl-resources/financial-literacy-education-in-vermont-high-schools.

Charles Schwab & Co.2011.2011 Teens & Money Survey Findings,Insights into Money Attitudes,Behaviors and Expectations of 16- to 18-Year Olds.Retrieved from http://www.schwabmoneywise.com/public/file/P-4192268/110526-SCHWAB-TEENSMONEY.pdf.

Cole,Shawn and Gauri Kartini Shastry.2008.If You Are So Smart,Why Aren't You Rich?The Effects of Education,Financial Literacy Literacy and Cognitive Ability on Financial Market Participation.Paper presented at the 2009 Federal Reserve System Community Affairs Research Conference,Washington,D.C.

Cole,Shawn,Anna Paulson and Gauri Kartini Shastry.2014.High School Curriculum and Financial Outcomes: The Impact of Mandated Personal Finance and Mathematics Courses.Harvard Business School Working Paper 13–064.Retrieved from http://www.hbs.edu/faculty/Publication%20Files/13–064_c7b52fa0–1242–4420–b9b6–73d32c639826.pdf.

Fernandes,Daniel,John Lynch,Jr.and Richard Netemeyer.2013.The Effect of Financial Literacy and Financial Education on Downstream Financial Behaviors.National Endowment for Financial Education.Retrieved from http://www.nefe.org/Portals/0/WhatWeProvide/PrimaryResearch/PDF/CU%20Final%20Report.pdf.

Gale,William and Ruth Levine.2010.Financial Literacy: What Works?How Could It Be More Effective? Brookings Institution.Retrieved from http: www.brookings.edu/~/media/research/files/papers/2010/10/financial-literacy-gale-levine/10_financial_literacy_gale_levine.pdf.

Hensley,Billy.2013.Research Report,Content-Based Teacher Professional Development Pilot Project.National Endowment for Financial Education and Jumpstart Teacher Training Alliance.Retrieved from http://www.jumpstart.org/assets/files/Teacher%20Alliance/J$TTA%20Pilot%20Research%20Report.pdf.

Klein,Asher and Jackie Giordano.2014.Bill Clinton Visits USC to Teach Kids Value of Financial Literacy. Channel 4, Southern California. Retrieved from http://www.nbclosangeles.com/news/local/Bill-Clinton-Visits-USC-to-Host-Financial-Literacy-Event-282070241.html.

Lusardi,Annamarie and Olivia Mitchell.2014.The Economic Importance of Financial Literacy: Theory and Evidence.*Journal of Economic Literature* 52(1): 5–44.

Mandell,Lewis and Kermit Hanson.2009.The Impact of Financial Education in High School and College on Financial Literacy and Subsequent Financial Decision Making.Presented at the American Economic Association Meetings in San Francisco.Retrieved from https://www.aeaweb.org/assa/2009/retrieve.php?pdfid=507.

Miller,Margaret,Julia Reichelstein,Christian Salas and Bilal Zia.2014.Can You Help Someone Become Financially Capable?A Meta-Analysis of the Literature.Background Paper to the 2014 Global Financial

Development Report.Policy Research Working Paper 6745,World Bank.

Mottola,Gary.2014.The Financial Capability of Young Adults—A Generational View.*FINRA Foundation Financial Capability Insights*.Retrieved from http://www.usfinancialcapability.org/downloads/FinancialCapabilityofYoungAdults.pdf.

Organization of Economic Co-operation and Development(OECD).2014.PISA 2012 Results:Students and Money:Financial Literacy Skills for the 21st Century(Volume VI).PISA,OECD Publishing.http://dx.doi.org/10.1787/9789264208094-en.

Pelletier,John.2013.2013 National Report Card on State Efforts to Improve Financial Literacy in High Schools.Center for Financial Literacy at Champlain College.Retrieved from http://www.champlain.edu/Documents/Centers-of-Excellence/Center-for-Financial-Literacy/National-Report-Card-Champlain-College-CFL.pdf.

The American Presidency Project.2015.Voter Turnout in Presidential Elections 1828—2012.Retrieved from http://www.presidency.ucsb.edu/data/turnout.php.

U.S.Department of Education,National Center for Education Statistics and the Institute of Education Sciences.2015.Fast Facts,Dropout Rates.Retrieved from https//nces.ed.gov/fastfacts/display.asp?id=16.

U.S.Department of Labor,Bureau of Labor Statistics.2015.Economic News Release,College Enrollment and Work Activity of 2014 High School Graduates.Retrieved from http://www.bls.gov/news.release/hsgec.nr0.htm.

Way,Wendy and Karen Holden.2009.Teachers' Background and Capacity to Teach Personal Finance:Results of a National Study.National Endowment for Financial Education.Retrieved from http://www.nefe.org/Portals/0/WhatWeProvide/PrimaryResearch/PDF/TNTSalon_FinalReport.pdf.

Willis,Lauren E.2008.Against Financial Literacy Education.*Iowa Law Review* 94(1):197–285.

第3章　二十几岁的大学生是如何改变金融素养教育的

RAKHEE JAIN

如果在我14岁的时候，你建议我通过买一只股票而不是股票共同基金来降低风险，我在那时就会指出你错了（改编自2009年金融素养教育中的问题3；Lusardi and Mitchell，2011）。使风险最小化的最佳方式是持股多样化。可惜的是，只有大约一半的美国人能正确回答这个问题，而38.7%的美国人会回答“不知道”（Lusardi and Mitchell，2011）。这很可能是因为一半的美国人没有像我父亲那样对我进行教导。

我父亲的态度一直都是：你的金钱应该为你工作。因此，我在9岁时购买了第一只股票，并且很小的时候就被鼓励开始存钱并记录开支。我父亲是注册会计师（CPA），他一直都对家里的财务状况了如指掌。在进入芝加哥大学开始本科学习之前，我的联邦助学申请（Federal Application for Student Aid，FAFSA）就直接转发给了我父亲，我甚至都没打开邮件。芝加哥大学用来确定助学金的表格也直接转发给了我父亲。简而言之，一切有关大学规划和学费来源的事情，我都请父亲全权掌控，而我却不闻不问。

在大一那年的秋天，我那对金融颇有心得的父亲点燃了我对Moneythink[①]的兴趣。作为一名大学新生，在一个远离家乡的陌生城市，我不确定自己的定位，也不知道怎么融入芝加哥大学。第一次偶遇Moneythink是在一个社团展示会上，它明亮的橙色灯泡标志吸引了我，它的宗旨让我产生深深的共鸣，因此我加入了这个组织。从那以后，Moneythink可以说是我本科时期最宝贵的经历。

简而言之，Moneythink是一个全国性的非营利组织，旨在通过教授金融知识课程，创造经济机会。Moneythink在全美各地都有不同的分会，并采用相同的方法开展金融知识教学。该组织依靠大学生作为导师授课，每周讲授与金融相关的生活技能课程（Our Approach，Moneythink National）。连续性的教学在高中生和大学生导师之间创造了一种自然的、有影响力的关系。并且，由于导师和学生之间年龄差异小，他们的关系更加融洽。我们在大学里经历的事情以及我们作为大学生所面临的财务决策，对于高三学生来说都是在不久的将来他们将要经历的。

---

① Moneythink是由美国芝加哥大学的学生成立的非营利组织，该组织的目标是提升美国青少年的金融素养，主要将大学生志愿者培训成为金融导师，向贫困高中生普及金融知识。

Moneythink的运作是独一无二的。由于金融知识对于未成年人、贫困生来说最为重要，因此，我们选择的学校中至少80%的学生享有免费午餐或低价午餐，这是衡量经济状况的常用指标①。Moneythink芝加哥大学分会的大学生导师在各类学校授课，如Cristo Rey Chapter schools②和Noble Chapter schools等教育机构。我们既有日常课堂教学，也有课外项目。由于涉及的项目和学校范围较广，我们会根据不同的学校类型选择最有影响力和效果最佳的教学模式。例如，通常可以与Cristo Rey模式的学校学生就财务决策进行更复杂的讨论。这是因为Cristo Rey模式的学校采取勤工俭学方式，学生通过打工赚钱来支付学费。这些勤工俭学的学生已经拥有借记卡，并且通常知道怎么使用信用卡。针对这种模式学校的学生，我们通常会尽快讲完基本的金融知识课程，然后继续讲解更复杂的内容，如股票市场和创业。而在另一所特许学校，情况则不同，Moneythink只被算作数学课的额外学分，是课外活动。相较于Cristo Rey模式学校的学生来讲，这里的学生虽然也非常好学、十分聪明，但知识背景上还是存在明显的差距。

下面，我要先介绍一下Moneythink的历史。2008年，Moneythink作为非营利组织在芝加哥大学成立，一开始只有这一个分会，后来得到迅速发展，该组织分会目前已经遍及全美30多所大学（History，n.d.)。最重要的一点是，该组织始于芝加哥大学。因此，作为标杆性分会的一员，我能够参与国家层面的团队，并得到一些特别的机会。此外，该组织建立的初衷很明确，就是为了满足芝加哥南部区域居民金融素养教育需求，而对于这项工作，该分会始终在开展（Mint，2015)。我希望本章内容能够让读者对于Moneythink芝加哥分会和全国Moneythink目前在做什么、达到了什么效果以及未来几年希望达到的目标有一个清晰的认识。

在进一步探讨金融素养教育前景之前，我想以非常强烈的方式表达免责声明。我是一名本科生，曾在Moneythink任教3年。我很荣幸曾与Moneythink国家团队密切合作，我与他们的私人关系非常好。尽管如此，我不是国家团队的成员，我个人也不是在美国境内从事金融素养教育的学者。我要说的大部分内容可能只在一个非常具体的框架内有效。此外，我的经历也不能代表每位Moneythink导师的经历。

尽管如此，我非常热衷于这个话题。我希望以我的观察以及我从Moneythink的课程中获得的体会引发更深层次的讨论，完善我们在学校的教学。我希望有一天，每个14岁的孩子都会理解风险分散的重要性。此外，我希望通过更好的金融素养教育，让每个人都能做出更明智、更优化的金融决策。

3.1 人群：谁是我们的教育对象以及这样选择的原因

确实，随着受教育程度的提升，涉及金融决策的相关知识会增加。然而，高水平的金融知识仅存在于完成研究生学习以后。事实上，经历过研究生教育的美国年轻人

① 这是基于和Joe Duran的交流。Joe Duran是Moneythink的首席运营官。

② Chapter school在美国是指特许经营的中小学教育机构。

(25～34岁)中，只有60%的受访者能够正确回答用于评定金融素养的三个基本问题(de Bassa Scheresberg，2013)。

更关键的是，金融知识的重要性不容低估。对于长期的金融规划，比如退休计划和应急储蓄等，金融知识丰富的人更有可能提前规划(de Bassa Scheresberg，2013)。随着对金融知识的了解增多，人们使用诸如发薪日贷款或产权贷款等高成本借贷方式的可能性也大大降低(de Bassa Scheresberg，2013)。

女性和未成年群体在金融知识方面最薄弱，但我们却看到女性在家庭金融决策中的作用不断增强(Woodyard and Robb，2012)。并且，在金融决策中，未成年群体做出不当金融决策的风险也在不断升高(Woodyard and Robb，2012)。然而现实情况是，所有这些值得商榷的金融决策都可以简单地通过学习知识来避免。

但是，在绝大多数情况下，我们可以看到金融素养教育中最重要的群体是学生和年轻人。美国只有17个州要求中小学教育中加入个人理财课程(《美国学校经济与个人理财教育(2014)》，美国经济教育委员会)。此外，我们看到债务存量趋势令人担忧。2009年，近20%的大学毕业生有超过7 000美元的信用卡债务(de Bassa Scheresberg，2013)。2011年，获得学士学位的学生平均有26 600美元的助学贷款债务。相比于其他年龄群体，年轻人破产率最高，并且他们申请破产的可能性也越来越高(de Bassa Scheresberg，2013)。很明显，年轻人所受的教育并没有告诉他们如何有效地管理金钱。

我们都同意金融素养很重要的观点，但我们也看到有些金融概念并不是十分直观，即使是受过高等教育的人也不能完全正确地回答基本的金融问题。那么，我们如何对下一代进行个人理财策略的教育？这就是Moneythink的用武之地。

过去几年，金融决策的局面发生了巨大变化。随着养老金计划由固定收益转为固定缴费，个人对于金融状况的责任范围大大增加(de Bassa Scheresberg，2013)。我们之所以选择高中生作为目标人群，是因为高中生即将进入人生的重要阶段，即本科教育阶段或成年期。Moneythink主要教育的是高中三年级学生。对于许多准大学生来说，高三是他们学业生涯的关键时刻，因为这是他们开始对是否接受更高层次教育做出决定的时刻。这也是我们希望他们在金融方面开始拥有独立意识的时刻。

Moneythink这个组织的最终目标并不是持续存在。事实上，首席执行官(CEO)和联合创始人Ted Gonder的愿景是到2030年它能成为一个过时的组织(Carpenter，2014)。也就是说，在2030年之前，金融素养教育将成为正规高中课程中不可分割的一部分。2030年以后，我们希望每个孩子都能接受金融教育，Moneythink的亮橙色灯泡标志会成为一种记忆。

3.2 课程：我们教什么？为什么教这些内容

金融能力课程(Financial Capability Curriculum，FCC)包括12节课，以小组教学模式进行。Moneythink National确定了四个关键要素，被称为“影响支柱”，即理性消费、储蓄、理财和安全使用金融产品，并将其贯穿于金融能力教学的12节课中。

金融能力教学的成功与否取决于课程教学是否有效。具体来说，每个导师每周固定教授同一组学生，以便建立良好的师生关系。我们计划保持1∶5的师生比例，因为这种师生高度互动的辅导模式比大班授课模式更有效，能让导师从个人角度来了解学生。这种模式下，不仅导师能更好地传达教学内容，而且学生也能以一种有意义的方式参与其中。

每节课程设计都包括教学内容介绍、小组讨论以及做练习等环节，以便充分消化上课内容，上述环节通过分组或独立完成的方式进行。下文会以第1课金融能力课程中使用的练习题作为示例。全部金融能力课程可通过Moneythink National网站免费在线获取。通过查看这些课程，大家可以很好地了解我们所采用的高度互动式辅导模式的作用以及课堂教学的特点。

课程可以分为两个部分。第一部分侧重于与金融相关的基本生活技能。每节课设有不同的主题，比如财务目标设定、银行系统和信用评分。第二部分侧重于为大学和工作做准备。因此，这一部分课程涵盖了简历撰写、面试技巧和职业着装要求等。

课程的内容设置通常与某一个“影响支柱”相对应。下文将列出完整的课程名称及教学目标。表3-1展示的是金融能力课程大纲，芝加哥大学分会用此来进行个人任务分配。

表3-1　　芝加哥大学Moneythink金融能力课程

课程	教学目标
为什么要接受Moneythink的教育	学生能够知道财务成功的两个组成部分：赚钱和管钱
理性消费	学生能够识别冲动消费，并理解理性消费的含义
目标设定	学生能够在学术、金融和生活上为自己设定有挑战性但又可行的目标
银行系统介绍	学生能够描述各种用钱习惯之间的差异和利弊，比如把钱存放在家里和使用信用卡消费
银行业务+金融网站NerdWallet	学生能够知道如何评估和选择银行，并了解开立银行账户的具体步骤
金融产品的基本知识	学生能够了解银行账号和汇款路径号码之间的区别，学会开支票以及说出现金和支票之间的主要区别
银行安全101	学生能够说出银行系统内存在的风险以及如何避免常见错误的发生，并且能够熟记关键的经验法则
货币时间价值+定存	学生能够理解规律性的储蓄带来的价值并尽早意识到储蓄的复利效应
信贷	学生能够说出使用信用卡的经验法则以及如何保持良好的信用评分
自我营销	学生能够了解基本的职业着装要求和职场礼仪
简历辅导	学生能够撰写并完善职业履历
职场	学生能够深度了解求职面试的过程

注：表3-1的课程大纲主要被芝加哥大学分会用来向合作学校解释课程设置。

图3-1是课堂练习题的示例，课堂练习是课程的一部分，主要用于强化教学效果。

Moneythink金融能力课程第1课——练习题A

姓名:

日期:

我们了解哪些知识?

说明:对于以下每个陈述,你和小组成员将按1~5的等级对该陈述进行评价。1代表你认为完全错误,5代表你认为完全正确。如果不确定的话,就选择2~4中的任一数字。

1.你每天花5美元买星巴克的拿铁咖啡,而你所在学校的学生中心提供免费咖啡和牛奶供你在课前享用。

这是一个关于理性消费的例子。 1 2 3 4 5

2.你的父母每周给你10美元的零花钱,你将一半的钱放入存钱罐,另一半的钱放入钱包。你最好的朋友想去购买价值120美元的耐克运动鞋。你决定取出存钱罐里所有的钱用于购买同款运动鞋。

这是一个关于理性消费的例子。 1 2 3 4 5

3.你决定每周花两小时做临时保姆(时薪5美元)并开始储蓄,你将收入的一半放入钱包,另一半存入存钱罐。

这是一个关于精明储蓄的例子。 1 2 3 4 5

4.你的几个朋友打算去银行开户,而学校附近刚好有个银行。虽然你对那家银行一无所知,但是你的朋友认为你应该在这里开户,因为这里离学校很近。你也同意了并决定在这家银行开户。

这是一个关于精明而谨慎选择的例子。 1 2 3 4 5

5.你正在为你的第一份工作(公园娱乐中心顾问)撰写简历,你用最喜欢的紫色笔将简历写在一张从笔记本上撕下来的纸上,并列出你所有的特点和优点。

这是一个关于撰写职业简历的例子。 1 2 3 4 5

6.你要去当地小学的夏令营进行面试。你决定穿牛仔短裤、背心和人字拖。你的面试时间是下午3点,但你下午3点4分才到。

这是一个关于求职面试的例子。 1 2 3 4 5

图3-1 Moneythink金融能力课程第1课——练习题A

注:图3-1的课堂练习题旨在探索和理解Moneythink的四个影响支柱。练习题用于消化课程的主要内容,可以通过小组合作或个人独自完成。

3.3 创新:什么是移动化?为什么它正在改变金融教育版图

谈到金融能力课程,就一定要介绍我们所拥有的迄今为止最前沿的创新和课程辅助工具。Moneythink Mobile,这款于2014—2015学年推出的智能手机应用程序,已经改变了导师的教学方式。目前金融能力课程的所有12节课都配备一个小程序。

每节课都配有一个需要在手机应用程序上完成的额外“挑战”。因此,学生能够在一节课结束后到下节课开始前的一周内继续强化复习所学的内容。下一步,我们希望手机应用程序能够强化“精明”理财的习惯,并最终改善理财行为。

开发移动教学背后的想法很简单。学生在课余时间无时无刻不面临着财务决策。Moneythink Mobile的目标是在导师不在现场时能对学生开展指导,导师和学生可以通过发帖、评论和点赞进行交流。首席执行官Ted Gonder将这个手机应用程序称为“财务界的Instagram”(Our Program, Moneythink网站)。

Moneythink国家团队与IDEO.org合作为学生设计了一个具有一定挑战性的应用程

序。这些挑战以多种方式吸引学生参与，能够让他们在完成挑战的同时认真审视自己的金融习惯。这些挑战由导师发布，之后的推广主要通过导师和学生点赞分享的正向强化机制进行。该应用程序的另一大优点就是每位导师都能够通过移动平台记录学生的进步。

完成挑战的学生可以获得积分并在全校范围内参与竞争，这样学生就能了解到全校同学的积分情况。学生和导师也可以通过浏览留言来了解其他同事和学生的学习情况，并且可以通过评论和点赞进行互动。通过“游戏化”体验，学生更加投入其中，参与度大大提高。

不同课程配备的挑战各不相同。其中一个挑战是“轨迹追踪”，学生们需要拍摄那些让他们花钱或省钱的物品，从而强化他们正确的消费习惯。在后期课程中有一个“划算，不划算”的挑战，也旨在达到同样的强化效果，学生们需要拍摄他们所购买物品的照片，由其他用户投票决定该商品是划算还是不划算。因此，这些挑战在很大程度上依赖于用户之间的互动，而应用程序本身也是导师在课程后与学生保持联系的绝佳方式。

表3-2详细罗列了Moneythink Mobile的挑战小程序，芝加哥大学分会有时会将此表提供给意向合作学校。这些应用程序使用主题标签进行分类，可以使导师和学生更便捷地找到已发布的相关程序。每项挑战都会持续一周。

表3-2　Moneythink Mobile的挑战小程序列表

挑战序号	挑战名称	任务描述
1	轨迹追踪	本周拍摄你花钱或省钱的物品，请实事求是
2	小目标	给自己设定一个小的金融目标，当你完成时，发个帖子纪念一下
3	追赶潮流	在领英上联系他人并且展示你的技能
4	聪明的自己	在你的个人风格中添加一点职业元素，让你的装扮适应职场风格
5	开始省钱（1/3）	财务成功的关键是制定预算并严格执行
6	轨迹追踪——省钱（2/3）	像一个理财大师——预算家——一样思考，通过拍摄记录你的消费并进行分类
7	预算审查 （3/3）	上周你检查自己的消费支出了吗？是时候检查了
8	逛银行	使用支票？进行储蓄？大银行还是小型支票兑现店？集思广益地找到你的最佳选择
9	头脑风暴，发布下一次挑战	挑战过瘾吗？觉得自己还可以做得更好？机会来了！发布你的挑战创意，来达到传授金融知识和省钱技巧的效果。现在，你就是专家

图3-2展示了挑战小程序的界面，学生和导师可在此互动。在这个名为“划算，不划算”的挑战中，学生们拍摄他们购买的东西，而其他人则投票决定这是一次“划算”还是“不划算”的消费。这个挑战是金融能力课程中学生参与的九个挑战之一。

图3-2 “划算，不划算”挑战——金融能力课程中学生参与的九个挑战之一

该应用程序是与IDEO.org合作开发的，并且在开发前期进行了大量考察和广泛研究，Moneythink或IDEO.org网站上有更多与应用程序开发相关的信息。芝加哥大学分会于2014年春季试点开展了该项目，并从当年秋季开始推广至其他分会。

3.4 指标：我们如何衡量成功与有效性

为了打造活泼生动、参与度高的课程，Moneythink采用了许多策略来进行课程设计。Moneythink Mobile的出现，不仅让导师能在课堂外与学生保持联系，也为Moneythink国家团队提供了另一个重要的机会——信息。

通过手机应用程序，我们能够收集到与受教育者消费习惯相关的数据，并根据此类数据来定制更明确、有效的课程内容。不仅如此，应用程序也将作为追踪习惯变化的关键工具。我们从应用程序中获取的数据，既能用于研究，也能用于衡量项目成效。

我们的课程是否足以使学生的消费和储蓄行为发生变化？哪个课堂的影响最显著？应用程序中的数据将能够对这些问题做出回答。此外，通过分析最有效的课堂中导师的行为，可以总结出更有效的辅导方法。Moneythink Mobile为Moneythink国家团队提供了一种更独特的、高质量的项目成效衡量方法。

目前衡量有效性的方法相当传统，即在整个课程前后进行测验，从而查看学生对于知识的理解是否有变化。此外，在应用程序出现之前，我们通过每节课后的调查问卷来评估学生对课程内容的理解程度。

我们从三个方面来衡量课程效果。一是学生所获得的知识，这可以反映出课程前后知识理解程度的差异；二是有形产出，即学生在项目中建立的一些资料，例如领英档案和个人求职简历，这是用产出情况来衡量学生的课程完成进度；三是态度改变，即衡量学生在参与课程之后改变个人消费观和理财方式的意愿与能力。

这种方法尽管总体上是有效的，但还是存在缺陷。其中最重要的一点是，因为课程前后的测试并非都是在课程的实际起止日期进行的，所以我们对于知识理解程度的衡量并不完全准确。有时测试时间会由于天气原因、课堂时间限制以及出勤率不足等因素相应推迟。而事实上，就我个人多次在课堂中的观察经验来看，Moneythink在知识灌输方面的效果是被低估的。

这些测试也未能衡量学生习惯和决策在课程开始后的具体变化。在移动应用程序介入前，我们无法真正了解到学生消费观的变化，虽然我们能够从学生的口中获取些许信息，但缺乏可靠的数据来支持我们的发现。这就是Moneythink Mobile如此具有革命性的原因——它彻底改变了Moneythink衡量成功的方式。

但是，我们所拥有的统计数据至少可以说是正面的。图3-3显示了Moneythink 2013—2014年度报告的成就缩影，重点介绍了Moneythink所有分会的主要成就。

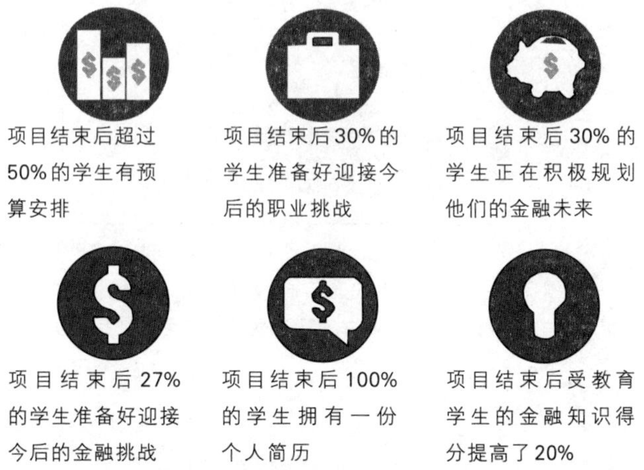

图3-3 Moneythink的成就缩影

此外，Moneythink项目开始之后（Our Impact，Moneythink），我们还取得了以下成果：

- 76%的学生认为他们有机会实现财务上的成功。
- 学生的财务管理能力提高了49%。
- 学生对于他们在财务上会比父母更成功的信心增加了39%。
- 家庭对财务管理的讨论增加了48%。
- 学生对赚钱能力的信心提高了19%。
- 86%的学生计划要完成大学学业。

3.5 展望：为什么国家团队要把银行业务作为新的着力点

随着移动应用程序的使用频率以及课堂兼容性的不断提高，我们接下来需要思考的问题就是Moneythink的未来。这个组织新的着力点是什么？明年的目标是什么？很明显，国家团队希望在未来推动银行业务的普及，并鼓励学生成为传统银行体系中的一员[①]。

那么，非传统形式的金融业务有哪些特征？简而言之，我们把银行体系的替代品业务归结在这一类，例如使用预付卡、发薪日贷款和支票兑现等。而令人惊讶的是，此类业务，尤其在千禧一代[②]中相当受欢迎（de Bassa Scheresberg et al.，2014）。

图3-4展示了千禧一代所使用的主要产品（Think Finance，2012）。令人震惊的是，高、低收入群体对于这些产品的使用差别不大。无论收入水平如何，如今的年轻人都倾向于选择非传统的金融服务。

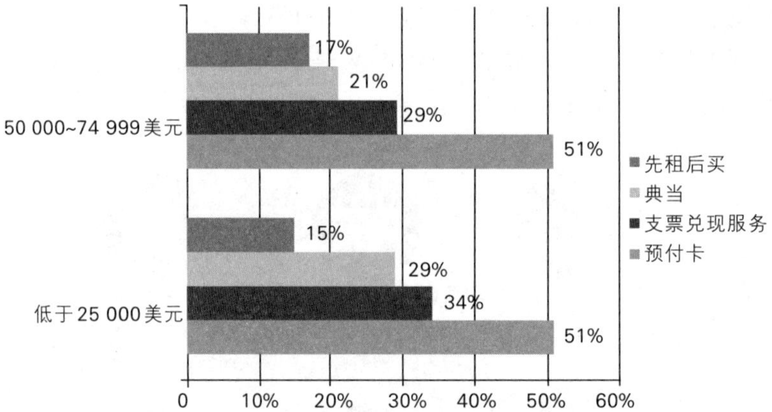

图3-4 千禧一代的非传统金融产品使用情况

注：图3-4比较了千禧一代中不同收入水平的群体对于某些非传统金融产品的使用情况，可以看出不同收入水平的群体所使用的产品差别不大。

---

① 针对这一新的着力点，所有Moneythink学校领导人在国家团队于2014年组织召开的夏季领导人会议上进行了讨论。这个会议是每学年开始的象征性事项，国家团队在会议上会对来自各个分会的领导人进行培训并开展有效的技术指导。

② 千禧一代的年龄范围是23岁到35岁之间。

尽管非传统金融服务的风险高、费用高，但令人震惊的是，在过去5年中依然有34%的千禧一代使用典当或发薪日贷款，并且其中52%的人在过去5年里使用此类服务的次数达到三次及三次以上（de Bassa Scheresberg and Lusardi，2014）。

因此，目前存在的问题是，年轻人正在使用高风险的非传统金融服务，而Moneythink作为一个为年轻人量身定制的组织，正在尽其所能阻止学生选择此类产品（Allgood and Walstad，2013）。

但是，种族、受教育程度和收入水平也会影响非传统金融产品的使用，长此以往可能会造成危险的后果。图3-5展示了来自伊利诺伊州（Moneythink芝加哥大学分会所在的州）的统计数据。我们希望能够从数据方面帮助理解鼓励使用传统银行的重要性[①]。

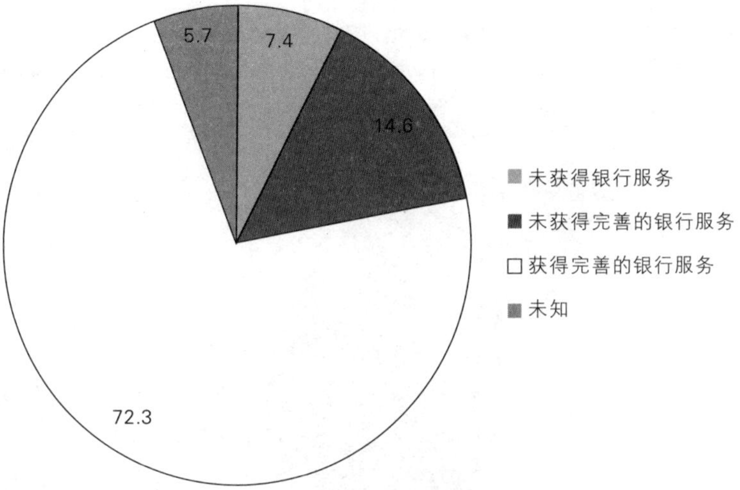

图3-5　伊利诺伊州居民总体银行服务统计数据（以百分比表述）

注：图3-5显示伊利诺伊州的大多数居民能够享受到完善的银行服务（Burhouse，S. et al.，2013；FDIC National Survey of Unbanked and Underbanked Households，2014）。

关于伊利诺伊州银行客户和非银行客户群体的数据对比（如图3-5所示）看起来似乎没有问题，绝大多数居民（超过70%）已获得完善的银行服务。

然而，当我们按种族分类观察数据时，问题就变得复杂了（如图3-6至图3-9所示）。

① 想要了解更多内容，可以考虑花40分钟看一下“开销：寻求改变（Spent：Looking for Change）”。这个文档可以在Young Turks online news organization的网站上找到。这篇文章挖掘了很多脱离银行体系的个人的故事，非常有效地探究了替代性金融服务的问题以及那些家庭是如何深陷其中的。

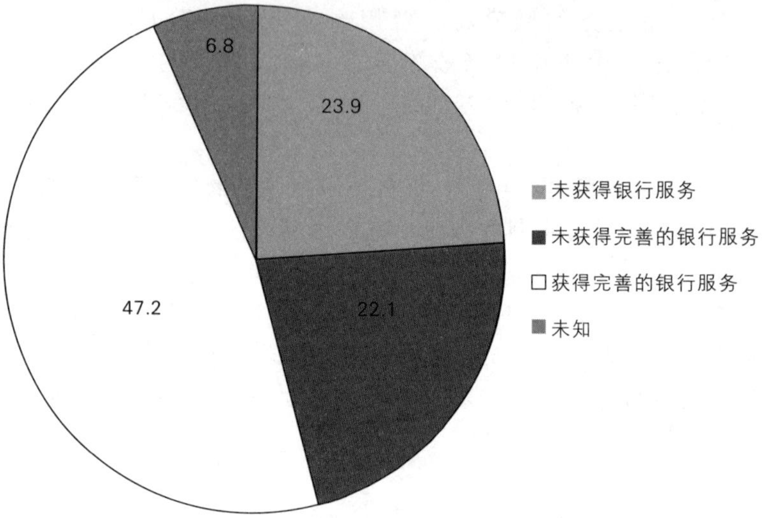

图3-6 伊利诺伊州非裔群体银行服务统计数据（以百分比表述）

注：图3-6显示伊利诺伊州非裔群体中只有约47％获得完善的银行服务（Burhouse，S. et al.，2013；FDIC National Survey of Unbanked and Underbanked Households，2014）。

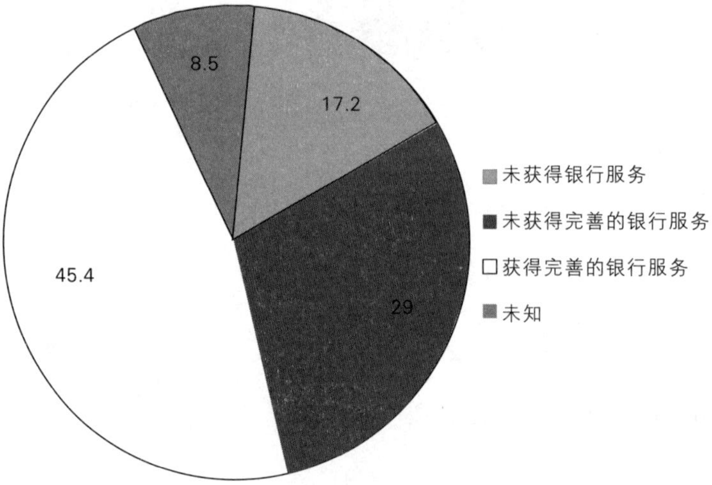

图3-7 伊利诺伊州拉丁裔群体银行服务统计数据（以百分比表述）

注：图3-7显示伊利诺伊州拉丁裔群体中只有约45％获得完善的银行服务（Burhouse，S. et al.，2013；FDIC National Survey of Unbanked and Underbanked Households，2014）。

在银行服务方面，种族差异性十分明显。少数族裔美国人获得完善的银行服务的人口占比远低于白人。数据显示，非裔和拉丁裔美国人中，约有46％未获得银行服务或未获得完善的银行服务；而对于高加索人群，这个占比约为13％——仅为前者的2/7左右（Burhouse et al.，2014）。

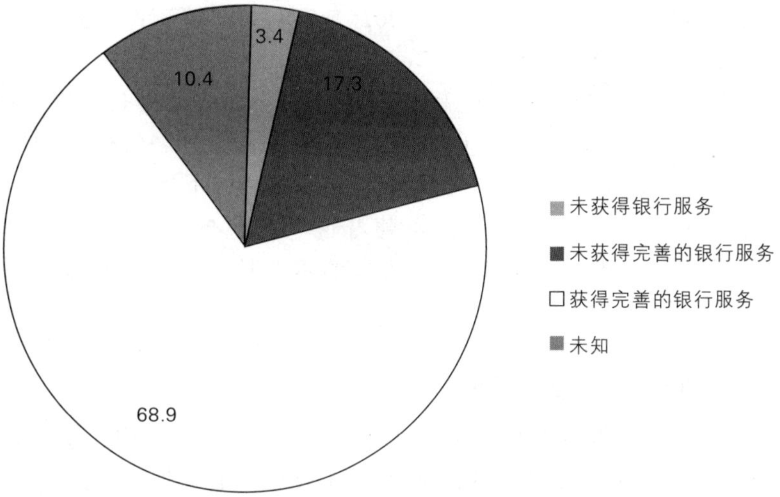

图3-8　伊利诺伊州亚裔群体银行服务统计数据（以百分比表述）

注：图3-8显示伊利诺伊州亚裔群体中近69%获得完善的银行服务（Burhouse，S. et al.，2013；FDIC National Survey of Unbanked and Underbanked Households，2014）。

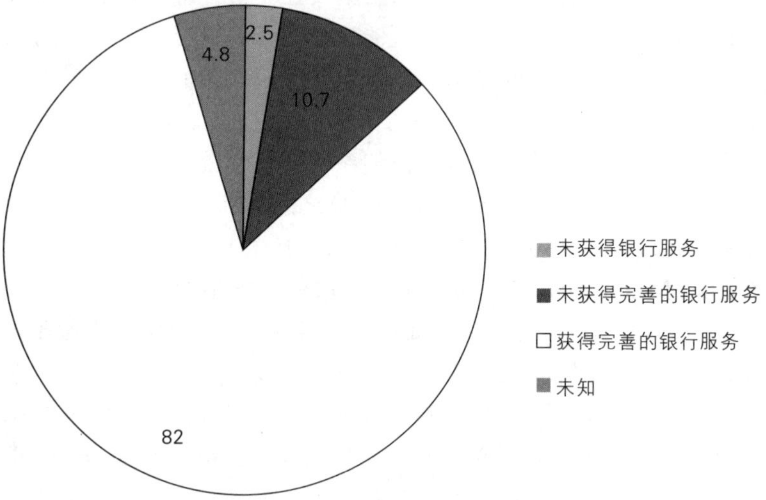

图3-9　伊利诺伊州白人群体银行服务统计数据（以百分比表述）

注：图3-9显示伊利诺伊州白人群体中有82%获得完善的银行服务（Burhouse，S. et al.，2013；FDIC National Survey of Unbanked and Underbanked Households，2014）。

类似的差异性在按受教育程度和收入水平探讨的数据中同样存在。将近54%（准确说是53.9%）的低文化程度人口（没有高中文凭的人群）未获得银行服务或未获得完善的银行服务；而在拥有大学学历的人群中，此类情况急剧下降至9.8%，其中未获得银行服务的人口仅占0.8%。在家庭年收入低于15 000美元的人口中，47.4%的人未获得银行服务或未获得完善的银行服务，而家庭年收入大于75 000美元的人口中，仅有

9.4%的人面临上述情况（Burhouse et al.，2014）。虽然这些统计数据仅来自伊利诺伊州，但是全美范围均存在类似情况。

从趋势上看，少数族裔、低文化程度和低收入水平的人口获得完善的银行服务的可能性更低。此外，年轻人群也可能被传统银行体系拒之门外，15岁至24岁的人口中，只有44.4%获得完善的银行服务（Burhouse et al.，2014）。很显然，此类问题亟待解决。幸运的是，Moneythink正朝着这个方向努力，它通过课程教学向人们强调传统银行系统的优点、保持良好信誉的重要性以及非传统金融业务带来的高额成本。

3.6 感悟：成为导师对我而言的意义

每当我回忆起在芝加哥大学的时光，Moneythink总在第一时间浮现在我的脑海里。金融素养教育的必要性是显而易见的。然而50个州中只有6个州要求学校测试金融知识，因此，也真的只有6个州的高中会开展个人理财素养教育（《美国学校经济与个人理财教育（2014）》，美国经济教育委员会）。目前最简单的能为学生提供经济机会的方法就是让他们学会理财和了解金融机构。

让我对Moneythink的经历如此难忘的原因不仅在于对金融教育的迫切需要，而且在于我遇到的人们。对于我教过的学生们，只能用不可思议来形容。他们勤学好问、求知若渴，这也促使我不断扩充自己的知识储备。与我一同工作的人优秀至极，他们关心学生并致力于把金融知识传授给他们。最重要的是，我与学员建立了亲密无间的个人关系，我会在课后与他们一起喝咖啡或者带他们参观我的学校。

我们分会举办了各种课外活动来增加与学员之间的互动，如演讲比赛和创业比赛。今年，我们带领来自芝加哥各地的学生参加“钱罐子（Money Tank）”活动——芝加哥大学版的鲨鱼罐子（Shark Tank）活动，这是一次能让学生参与创业挑战、与本市其他学生交流的机会。虽然“钱罐子”活动是我们分会独有的活动，但是国家团队一直为这项活动提供支持。国家团队给予分会充分的自由，使得我们可以对活动进行创新和管理，以便让Moneythink的教育课程发挥更大的效果。我们可以根据学生需求，自主制定教学内容以及授课方式，而不需要受国家团队的限制。因此，Moneythink的成果不仅体现在金融知识的教育上，而且反映在人际关系的建立上。

另外，在作为导师过程中，我有幸结识的芝加哥大学的其他学生也非常棒。我认为参与Moneythink活动的大学生是世界上最优秀和最聪明的人。热情、聪明和幽默的导师们，是我在本科学习期间遇到的最优秀的人才。在芝加哥大学里给我激励最多的也是这一批人。我们分会成员有在投行工作的，有化学专业的，有杜鲁门学者，还有白宫实习生、兄弟会成员和运动员。但最重要的是，他们是一群非常敬业、各有特点并且总是在课堂上拿出120分热情的导师。

当我回顾我的大学生涯时，Moneythink无疑是我所拥有的最重要、最能改变人生的经历。能成为Moneythink的一员，我将终生为之感到自豪。我们是Moneythink，我们正在改变金融素养教育的世界。

参考文献

Allgood, S., and Walstad, W. (2013). Financial Literacy and Credit Card Behaviors: A Cross-Sectional Analysis by Age. *Numeracy*, 6(2).

Burhouse, S., Chu, K., Goodstein, R., Northwood, J., Osaki, Y., and Sharma, D. (2014). 2013 FDIC National Survey of Unbanked and Underbanked Households.

Carpenter, J. (2014, March 7). What a Chicago Financial Nonprofit Is Doing to Make Itself Become Obsolete. Blue Sky Innovation. *The Chicago Tribune*. Retrieved from http://bluesky.chicagotribune.com/originals/chi-ted-gonder-moneythink-app-bsi-20140305,0,0.story.

Council for Economic Education. (n.d.). Survey of the States: Economic and Personal Finance Education in our Nation's States.

de Bassa Scheresberg, C. (2013). Financial Literacy and Financial Behavior among Young Adults: Evidence and Implications. *Numeracy*, 6(2).

de Bassa Scheresberg, C., and Lusardi, A. (2014). Gen Y Personal Finances: A Crisis of Confidence and Capability.

de Bassa Scheresberg, C., Lusardi, A., and Yakoboski, P. J. (2014). College-Educated Millennials: An Overview of Their Personal Finances.

History. (n.d.). Retrieved from Moneythink: http://moneythink.org/about-us/history/.

Lusardi, A., and Mitchell, O. S. (2011, June). Financial Literacy and Retiremcnt Planning in the United States. *National Bureau of Economics Working Paper Series*.

Mint. (2015, April). Expert Interview with Ted Gonder of Moneythink on Financial Education for Young People. Retrieved from https://www.mint.com/expert-interview-ted-gonder-moneythink-financial-ed ucation-young-people#sthash.xEWYpjz7.dpuf.

Moneythink. (n.d.). Our Approach. Retrieved from http://moneythink.org/our-program/our-approach/.

Moneythink. (n.d.). Our Impact. Retrieved from http://moneythink.org/our-program/impact-numbers/.

Moneythink. (n.d.). Our Program. Retrieved from http://moneythink.org/our-program/.

Think Finance. (2012, May 17). Millennials Use Alternative Financial Services Regardless of Their Income Level.

Woodyard, A., and Robb, C. (2012). Financial Knowledge and the Gender Gap. *The Journal of Financial Therapy*, 3(1).

第4章　宾夕法尼亚州的金融教育发展：十五年回顾以及未来展望

HILARY HUNT AND CATHY FAULCON BOWEN

4.1 引言

美国各州间的金融教育工作成效差别很大。我们从多项调查和研究中可以看出这一点。美国经济教育委员会在2014年罗列了一份州名单，这些州将金融教育纳入州立课程标准当中或强制要求高中生毕业前必须接受此类教育。然而，这些报告只能粗略地反映某一时点的金融教育状况，要想全面描绘各州的金融教育状况还需要更多信息。特别是对于宾夕法尼亚州这样的教育控制权由地方政府而不是州政府掌控的地区。

在一个地方政府拥有高度教育控制权的州，提高青年金融素养是一项艰巨的任务。宾夕法尼亚州已连续15年在这方面做出努力。在此期间，一系列举措取得了不同程度的成功。在本章中，我们将深入探讨这些举措，了解它们对金融教育产生的影响以及在实施中得到的一些经验和体会。

4.2 将金融教育纳入州立教育政策框架

州政府通过多种方式制定和监督教育政策，所采取的举措涉及教育的各个层面，其中就包括针对金融教育的措施。因此，要了解宾夕法尼亚州金融教育的现状，首先要了解其在州立教育政策中的框架。虽然所有州都设有州级的课程标准和核心学科考试，但学科和年级设置有所不同。宾夕法尼亚州于1999年实施《学术标准和评估》第4章（Academic Standards and Assessment Chapter 4），成为美国第48个自主制定标准的州。尽管该州没有针对个人理财单独设立课程标准，但在其他学科中涉及了大量的金融内容。2003年开始执行的经济学和家庭消费科学学术标准，首次包含了金融主题。2004年，随着职业教育和工作（Career Education and Work）学术标准的实施，更多的个人理财内容被涉及。2012年，在商业、计算机和信息技术（Business，Computer，and Information Technology，BCIT）建议标准应用中，个人理财内容再次得到扩充。

尽管大量个人理财内容已被纳入州立标准，但这些标准的实施和评估还是取决于宾夕法尼亚州的500个学区，而州级层面几乎不予监管。毕业标准亦是如此。宾夕法尼亚州的500个学区自主制定毕业要求，这就导致各地区之间在个人理财相关学科毕业标准方面存在相当大的差异。如果没有一套全州统一实行的高中毕业标准，宾夕法尼亚州就无法保证每个高中生在毕业前都学习过金融课程。

虽然有一些学区意识到金融教育的重要性，要求学生修满一门独立的金融课程才能毕业，但由于各学区不需要向宾夕法尼亚州教育局（Pennsylvania Department of Education，PDE，以下简称州教育局）上报此类信息，并且从每个区域收集这些信息又费时费力，所以确定究竟哪个学区有类似的毕业要求仍存在一定的难度。2007年，宾夕法尼亚州金融教育办公室与宾夕法尼亚州立大学调查研究中心合作，首次开展了针对上述问题的调查，并在2009年再次开展调查（宾夕法尼亚州立大学调查研究中心，2008，2010）。2013年州教育局向立法机关提交的报告也涵盖了类似的信息（宾夕法尼亚州教育局和宾夕法尼亚州银行与证券局，2013）。表4-1显示，虽然将个人理财作为一门独立必修课的学区数量有所增加，但仍远远不够。此外，表4-2显示，2013年实行强制性金融课程要求的学区集中在宾夕法尼亚州67个县中的18个县。我们可以看出，超过450个学区仍然缺少此类毕业要求，并且在没有强制措施的情况下，未来这些学区也不太可能主动将个人理财课程列为必修课。因此，只有做出一些立法调整，宾夕法尼亚州才能让高中生接受个人理财教育。尽管金融教育的重要性众所皆知，但实施起来依然困难重重。

表4-1　　宾夕法尼亚州内将金融课程列为独立必修课的学区数量

年份	2007	2009	2013
有此类毕业要求的学区数量（个）	20	44	38

表4-2　　2013年宾夕法尼亚州各县将金融课程列为独立必修课的学区数量

县	学区数量	县	学区数量
亚当斯县	2	富兰克林县	1
阿利根尼县	1	富尔顿县	1
阿姆斯特朗县	1	亨丁顿县	4
切斯特县	3	兰开斯特县	2
哥伦比亚县	2	蒙哥马利县	2
坎伯兰县	1	斯古吉尔县	1
特拉华县	1	斯奈德县	1
伊利县	1	韦恩县	1
费耶特县	1	威斯特摩兰县	1

资料来源：宾夕法尼亚州教育局和宾夕法尼亚州银行与证券局，2013。《宾夕法尼亚州经济和个人理财教育：一份提交给州长和大会的报告》。摘自 https：//www.portal.state.pa.us/portal/server.pt/document/1332884/financial_education_report_pdf.

针对强制性金融教育的反对声音也很多，尽管大多数并没有否认金融教育日益增长的需求。首先，除考试科目外，个人理财课程将会是州政府首次尝试实行的强制性课程要求。地方主导教育的支持者们认为这是“开了个坏头”，未来可能会导致其他一些不必要的强制性课程增加。其他反对者则对实现这项要求所需要的资源问题存在顾虑，比如需要一流的教师进行授课以及需要配备充足的课程资源来保证课程质量。自2011年州政府大幅削减教育预算以来，后者的观点受到越来越多的关注。在2010—2011学年和2014—2015学年，已有超过1 150个学术项目和超过23 000个教育岗位因此减少（Buckheit and Himes，2014）。其中就包括整个商业和家庭消费科学项目（这些恰恰是包含个人理财课程的教学领域）以及相关教师岗位的缩减。该州最新的经济和个人理财教育状况报告表明，在2011年4月至11月的8个月内，22个学区被要求缩减或取消家庭消费课程项目，而商业项目缩减方面涉及的学区有24个（宾夕法尼亚州教育局和宾夕法尼亚州银行与证券局，2013）。

理解教育政策环境的制约因素及其对金融教育工作造成的影响，对于宾夕法尼亚州及其他地区推进金融教育工作至关重要。如果不了解教育政策的影响，那么改善金融教育的努力可能就会不切实际或找不到方向。尤其是将州政府集中控制教育权（例如得克萨斯州或佛罗里达州）的地区与地方学区享有自主控制权（例如宾夕法尼亚州）的地区进行对比时，上述情况会更加明显。在现有的州立毕业课程要求列表中额外加入一门金融课程，与将金融课程列为除考试科目外唯一的必修课是完全不同的两件事。

4.3 制定行动方针：宾夕法尼亚州个人理财知识入门联盟的建立

1999年宾夕法尼亚州个人理财知识入门联盟（以下简称宾州联盟）的成立，标志着宾夕法尼亚州首次通过各方的协调开展针对青年人的金融教育。宾州联盟是个人理财知识入门联盟全国总会首批成立的州级联盟之一。从某种程度上来讲，宾州联盟的成立是因为领导者认识到教育政策决策（包括影响金融教育的决策）需要在各州和各区层面制定。因此，宾州联盟的成立有助于组织和协调各方工作，并在可能的情况下推动立法和政策变革。虽然其他州的联盟试图通过立法来实现目标，但宾州联盟意识到其教育控制权在地方政府手中，因此采取了另一种方式。

宾州联盟召集了对于金融教育感兴趣的各界代表，达成了推动金融教育的共同愿景。宾州联盟确定了其最初的工作重点：一是推动在州立学术标准中增加个人理财内容；二是动员各方力量，使教师能够开展高质量的金融教育课程。为此，联盟成员不仅召开了公开听证会讨论州立标准，还召开了教师研讨会来提高教师的金融教学能力。联盟还采取各种措施提高公众对于金融教育需求的认识，比如将4月设为金融教育月。金融教育月在2000年首次被宣布开展以来，每年都由州长宣布开展，先后历经了5位州长。

2004年，宾州联盟成为美国首个获得投资者保护基金（Investor Protection Fund）捐款的组织。该基金由投资者保护信托（Investor Protection Trust）管理，其建立是为了解决由投资银行业务引起的一系列利益纠纷。宾州联盟利用这笔捐款举办了一系列金钱有价会议（Money Counts Conferences），超过500名教师参加了这项为期一天的培训会议。培训涵盖了诸如证券欺诈趋势及滥用创新方式给学生讲解投资之道等内容。这些培训讲师来自个人理财知识入门联盟的合作伙伴，培训资料选自各类项目的课程资源。

4.4 一个可供其他州参考的模式：宾夕法尼亚州金融教育办公室

2004年州长Edward G. Rendell下达行政命令，命令州长工薪家庭特别工作组（Governor's Task Force for Working Families）组建宾夕法尼亚州金融教育办公室，此举大大提升了宾州联盟的影响力。特别工作组在全州举办了24次公开圆桌会议，收集有关工薪家庭的重要信息。通过圆桌会议，特别工作组归纳总结了4项对工薪家庭来说至关重要的领域，即提升金融素养、积累资产、防止金融滥用以及提高工薪家庭收入，并从扶持工薪家庭角度提出了建议。工作组的建议为金融教育办公室（以下简称办公室）制订工作计划奠定了基础，也赋予了办公室提高全州金融教育质量和数量的使命。

经州长批准，金融教育办公室是宾州唯一专门负责金融教育的政府机构。办公地点位于州银行局，运营资金主要来源于金融机构上交的监管费用和罚款而非政府财政拨款。尽管办公室已经从1名员工发展到现在的5名员工，但资源仍然有限，并且无法采用"直接面向消费者"的方式。因此，办公室采取了一种学校、工作场所和社区组织三管齐下的金融教育推广方法，每条线安排一位工作人员。这是迄今为止所有州的政府的金融教育工作中最全面、规模最大的一次努力。

比较独特的是，办公室通过在银行部门和教育部门之间建立强有力的伙伴关系来开展学校金融教育工作。这种合作关系包括共用一名工作人员并签订资金筹备合作备忘录。这种基于学校模式的大部分工作被集中在培养教师的专业水平上。办公室推动了金融知识与中小学学科课程内容的整合，并倡导在高中阶段将其设为独立学科。成立7年来，办公室与来自全州的2 500多名教师和行政人员合作，共同改善金融教育局面。得益于办公室的努力，越来越多的学校开始提供金融课程，有的甚至将其作为必修课。这项工作有三个关键点：一是帮助教师和政府人员理解金融素养教育的必要性；二是免费向学区提供课程培训和相关材料；三是为学校提供免费的优质课程资源。

办公室标志性的学校项目——州长金融教育学院（Governor's Institute for Financial Education）——由州银行局和教育局合作创立，举办为期一周的封闭式培训项目。2005年到2011年间，项目每年夏天为500多名教师提供课程资源和金融知识培训。在培训期间，通过来自全美各州的专家们（其中包含多名个人理财知识入门联盟成员），教师们学会如何在教学过程中加入个人理财知识以及如何教授一门独立的金融课程。得益于与其他机构的合作关系，参与项目的教师能够获得关于信用报告的课程以及与金融专家面对面交流的机会，从而提高自身的金融技能。此外，该学院还为金融教育的地方政策变革播下了一粒种子。参加过该学院培训之后，许多教师将"提高所在学区金融课程的普及性"作为其执教使命。

除此之外，办公室还与其他组织建立了伙伴关系以推进金融教育。在克利夫兰和费城联邦储备银行的支持下，办公室为匹兹堡和费城地区联盟的建立提供了帮助。这些地区的社区组织多年来分享经验、协同合作。与许多金融教育合作项目一样，这些团体在短时间内蓬勃发展但缺乏持久力。由于缺乏工作重点且缺少维持合作关系的领导者，此类地方团体多数是不成功的或不完全成功的。如果缺乏对于核心问题的专注力，金融教育措施很快就沦为次要问题，偏离正轨。

与宾夕法尼亚州立大学对外合作部门的一个合作项目是办公室在动员社区团体加强青少年金融教育方面最成功的一次尝试。尽管目前学校金融教育资源已有很多，但鲜有以家庭金融教育为目标的项目。一个范例是宾夕法尼亚州伊利县广播电台推出的一档节目“分毫不差：与父母和孩子谈论金钱和理智（Right on the Money： Talking Dollars and Sense with Parents and Kids）”。在亨氏基金（Heinz Endowments）的资助下，该节目被开发出来并与全州图书馆建立合作试点，以便接触到5～7岁孩子的父母。自2008年开播以来，该节目已推广至全州众多学校和图书馆，甚至传播到其他州。不仅如此，节目还被翻译成西班牙语，以服务于更多听众。2009年，该节目被金融教育学院授予“年度成人金融素养教育卓越奖（Excellence in Financial Literacy Education Award for Post-Secondary/Adult Curriculum of the Year）”。

通过在学校、工作场所和社区方面的推广工作，办公室在运行的几年里获得了巨大的成功和认可，并被认为是全州金融教育工作的典范。办公室的代表经常被邀请参加一系列由美国财政部、白宫、美国政府问责办公室（U.S. Government Accountability Office）和美国消费者金融保护局主办的全国性金融教育主题峰会。2010年，办公室工作被哈佛大学肯尼迪政府学院艾什民主治理与创新中心冠以“妙想奖（Bright Idea Recognition）”，并被金融教育学院授予“年度金融素养教育卓越组织奖（Excellence in Financial Literacy Education Award for Organization of the Year）”。然而，在2011年新州长上台后，该州实施了新的举措，办公室于当年11月关闭。在2013年，金融教育主管的岗位也被取消了。

4.5 立法层面推进金融教育工作的举措

2010年之前，宾夕法尼亚州所有针对金融教育的政府工作都是由行政部门通过规则变革（例如将个人理财课程纳入州立学术标准）或由州金融教育办公室通过开展项目引导实施的。2010年颁布的第104号法案是宾夕法尼亚州首次针对金融教育需求的立法。基于两党的支持，该法案要求州教育局完成以下工作：（1）向教育工作者、公立学校、私立学校和其他组织提供金融教育课程材料和资源；（2）成立一个工作小组来评估金融教育的趋势和需求，确定资助资金的使用方式，并提出相应的改进建议；（3）每两年发布一份针对公共金融教育项目状况的报告，重点指出创新措施并对未来项目需求提出建议（Public School Code of 1949—Omnibus Amendments，2010）。

根据这项立法，州教育局在2011年成立了经济教育和个人理财教育工作组（Task Force on Economic Education and Personal Financial Literacy Education），并按规定任命了9名成员。这些成员由来自教育机构的教师、学校主管、学校董事会成员和大学教师，以及来自银行、信用社、抵押贷款公司、费城联邦储备银行、宾夕法尼亚州银行与证券局等金融服务机构的代表构成。经过14个月的研究和会商，工作组发布了一份包含主要调查结果和建议的报告（宾夕法尼亚州经济教育和个人理财教育工作组，2013）。该报告向宾夕法尼亚州州长和委员会提出以下建议：

（1）要求宾夕法尼亚州每个高中生都必须在毕业前修完一门独立的个人理财课程；

（2）设立并采用针对个人理财课程的全面、独立的宾夕法尼亚州K-12学术标准；

（3）提供专项资金支持高质量的K-12个人理财课程和教师培训；

（4）为宾夕法尼亚州中学教师制定一份金融教育大纲，并为专业教育项目提供相应的项目指南。

工作组的报告自2013年1月发布以来，已促成一系列与建议相符的立法措施。2013—2014年度立法会议上提出了两项法案，其中一项就是将个人理财课程作为毕业要求。2014年10月，宾夕法尼亚州众议院教育委员会举行了一次关于金融教育的公开听证会，会上听取了13个个人和组织的发言，他们都对金融教育表示了极大的支持。2015年4月，在众议院与参议院的2015—2016年度会议上，三项法案被提出。尽管得到了两党的大力支持，但正如上文提到的由于地方控制和资金来源问题，这些工作还是面临着较大的困难。

4.6 赚钱之路项目

为达到第104号法案的其他要求，除成立经济教育和个人理财教育工作组外，州教育局还在2012年1月与宾夕法尼亚州立大学建立合作关系，开展赚钱之路项目（Making Cents Project），为全州的学校和组织提供课程资源和教师能力培训。每个学年，该项目都会举办一系列个人理财主题活动，提供即用型工具和资源，召开教师个人理财教育专业知识的网络研讨会。研讨会已培训300余名宾夕法尼亚州教师（其中大多数是中学教师）。实时参加网络研讨会的教师可以获得继续教育学分，而其他教师则可以在线访问和查看往期研讨会（网址为http：//www.makingcentspa.org）。

为支持各年级的个人理财课堂教学，州教育局于2014年秋季推出了适用于学前班至12年级（PK-12）的个人理财教学框架以及高中课程模板。PK-12教学框架通过明确六大主题及相关基本问题确定了各年级金融教育的长期目标。该框架确定了各个年级阶段（PK-2、3-5、6-8和9-12）需要达到的知识和能力水平要求，并将其与州立标准挂钩。同时，该框架对将金融教育融入数学、英语语言学、社会科学以及PK-8年级的普通课程提供了建议。基于6个教学模块的大纲要求，高中课程模板全面地涵盖了一门一学期独立的金融课程的教学内容和教学方法。教育工作者可通过访问州教育局标准查询系统网站查看这两份文件（网址为http：//www.pdesas.org）。

其他项目包括电子期刊的发布以及其他教育资源的开发。由州教育局的宾夕法尼亚学习（Pennsylvania Learns）与iTunes合作开发的个人理财课程于2015—2016学年在iTunes U正式上线。未来的工作将进一步围绕数学与个人理财观念在课堂教学和考试方面的融合以及个人理财课程教师的认证来展开。这些工作都遵循了州教育局在2013年联合州银行与证券局发布的一份关于个人理财和经济学教育现状的报告中提出的建议。

4.7 州金融教育工作的参与者们

除了州教育局和金融监管机构外，州政府的其他部门以及社会各界在金融教育方面也发挥了重要作用。宾夕法尼亚州高等教育援助机构（Pennsylvania Higher Education Assistance Agency）作为助学贷款的担保人和服务机构，为学校、家长和学生提供服务，以协助完成联邦助学贷款的免费申请。宾夕法尼亚州证券委员会（Pennsylvania Securities Commission）长期致力于投资者教育，这也是与金融教育存在内容交叉的领域，该机构通过线下授课和资源传播倡导安全的储蓄和投资行为。2013年该委员会与银行局合并，合并后的部门继续开展上述工作。其他长期参与的部门还有保险委员会（Insurance Commission）、宾夕法尼亚州住房金融局（Pennsylvania Housing Finance Agency）、军事和退伍军人事务局（Department of Military and Veterans Affairs）、财政局（Treasury Department）和总检察长办公室（Office of Attorney General）。

除州政府之外，私营部门和非营利机构也广泛参与了金融教育的推动工作。宾夕法尼亚州信用社协会（Pennsylvania Credit Union Association）设有一个独立基金会，用于支持学校的金融教育工作。该协会的工作包括向成员信用社提供资金用于建立各高中分支机构以及举办金融教育研讨会。宾夕法尼亚州银行家协会（Pennsylvania Bankers Association）在每年4月推广“儿童储蓄教育日（Teach Children to Save Day）”，以鼓励银行从业者自愿到学校教授个人理财课程。个别银行和信用社也在他们的目标客户群体中发起了签名计划。

青年成就（Junior Achievement）、宾夕法尼亚经济学人（Economics Pennsylvania）、希望行动（Operation Hope）等非营利机构也在全州范围内开展了各种区域性金融教育项目。尽管这些组织都能在各地区实现较大的影响力和普及率，但没有一个能够全面覆盖宾夕法尼亚州。近年来，一家名为联合之路（United Way）的组织在推进基于社区的金融教育方面占据了新的领导地位。

4.8 用知识和工具武装教师

许多上文提到的项目，例如金钱有价会议、州长金融教育学院和赚钱之路项目等，都包含了对教师的专业培训。对教师的专业培训同时也是费城联邦储备银行的一项基本服务，其开设了各种课程，既有晚间研讨班，也有为期一周的暑期课程，而这些课程都有一个共同目标，即提升教师在个人理财教育方面的知识和教学技能。

金融教育推广工作遇到的挑战之一就是缺少知识丰富且训练有素的教师来教授高质量的课程。由国家金融教育基金会（National Endowment for Financial Education，NEFE）开展的全国教师调查（Holden and Way，2010），以及由宾夕法尼亚州立大学在2008年代表宾夕法尼亚州证券委员会在投资者保护信托的资助下开展的一项针对宾夕法尼亚州教师的调查（Hunt，2009）等，都表明教师缺乏教授个人理财课程所需的基本知识和技能。诸如此类，宾夕法尼亚州的许多努力都包含专业能力培养部分。为教师提供授课所需的知识和技能，对保障学生能够获得高质量的金融教育至关重要。同样，课程资源开发方面的努力，如“分毫不差”广播节目、PK-12教学指导框架和高中课程模板等，都旨在填补教学材料方面的空缺。

4.9 需要克服的障碍

尽管过去15年来宾夕法尼亚州在提升青少年金融教育工作方面做了大量工作，但还有很多工作要做。除了之前提到的地方控制和资金不足等问题外，这条道路还存在其他挑战。虽然金融教育不缺少支持者，但其缺乏持续稳定的领导者、资金和较高的参与度。金融教育工作需要拥有持续性，这样才不会因为行政或立法部门的调整而断断续续。

如果金融教育各组织间存在利益冲突，也可能损害整个事业。例如，2013年和2014年，代表商业教育教师的协会游说宾夕法尼亚州众议院支持立法（HB 1739）。该法案只允许那些经过商业认证的教师教授个人理财课程，因此，家庭消费科学、数学或社会科学领域的大量项目被削减。金融机构之间的竞争也可能会产生类似的负面影响，学区有时为了避免在两个机构之间做出合作选择而彻底放弃金融教育计划。

要想克服这些挑战，需要不畏艰难、主动出击。由于学区不需要上报其金融教育方面的政策或行动，并且要求上报可能会被视为不必要的监管负担，因此，获得持续的、可靠的数据是评估金融教育成效的另一大挑战。虽然实施成本很高，但将个人理财和数学课程（尤其是考试评估方面）充分融合是具有可行性的，并且可以大力推动金融教育发展。同样，弥补教师知识和技能不足尽管从长期来看能推动教师将个人理财和各自学科充分整合，但这同样需要实质性、系统性的调整以及大量成本来实现。

还有一些挑战超越了学区和州级层面，属于国家层面。联邦政府通过建立青少年金融素养教育委员会和总统咨询委员会来提高对金融教育的重视程度。但是，金融教育还不能成为教育政策制定者的首要议题，与STEM（科学、技术、工程和数学）计划、环境教育以及酒精毒品关注计划等不能相提并论。此外，金融教育也没有获得与上述领域同等的资金支持。

还有一些困难也是超出了各级政府的能力范围。尽管各州和地方政策制定者在毕业要求方面拥有最终的发言权，但全国大学体育协会（National Collegiate Athletic Association，NCAA）的力量也不容忽视。学生运动员和高中都会认真考虑入选资格准则。目前，这些准则明确规定个人理财或消费经济学课程可以不计入评价。但这既是挑战也是机遇，如果NCAA调整这些政策或进一步要求所有学生只有参加一门个人理财课程才能入选，学校毫无疑问会提供这些课程并做出强制要求。

最后，衡量强制性金融教育举措或自愿性标准成效是一项长期挑战。理想情况下，可以采取长期跟踪研究的方法，将经过专业培训的教师与没有经过专业培训或对照组的教师的教学效果进行比较。此外，也可以比较某些特定的项目和课程的效果。但是，此类研究需要大量资源，而且尚未开展。不过，现在有一些证明项目有效性的研究是在项目结束很久之后对学生进行对比的，因而无法确定项目范围或教学质量。

4.10 未来展望

为了使金融教育在宾夕法尼亚州得以普及，甚至被推广至其他州，领导者必须认识到所面临的需求和挑战，并通过协调和合作全力推进金融教育。这需要取得长期影响力并撇开政治动机的决心。多管齐下的方法也有助于解决具体问题。从政策的角度来看，这意味着不畏艰辛地推动学区改革（逐个推动500个学区是相当艰巨的任务），同时要在全州范围内产生影响，例如制定全州统一的毕业要求。同样，在提高金融教学质量方面，应有相应的项目来培养新的金融教师以及提升现有教师的专业技能。

有一件事是肯定的。每年宾夕法尼亚州的决策者（例如立法部门、州政府部门或当地学校董事会等）都会就全面推行金融教育的成本与收益考量展开激烈讨论，而没有采取进一步的实际措施也对我们的未来收入和投资产生越来越大的机会成本。在过去的每一年里，宾夕法尼亚州都会有一批孩子在没有夯实金融知识和技能基础的情况下步入成年。

参考文献

Buckheit,J.and Himes,J.(2014).Continued Cuts: The Fourth Annual PASA-PASBO Report on School District Budgets. Pennsylvania Association of School Administrators & Pennsylvania Association of School Business Officials.Retrieved from http://www.pasa-net.org/budgetreport6–5–14.pdf.

Council on Economic Education.(2014).Survey of the States: Economic and Personal Finance Education in Our Nation's School 2014.Retrieved from http://www.councilforeconed.org/wp/wp-content/uploads/2014/02/2014-Survey-of-the-States.pdf.

Holden,K.and Way,W.L.(2010).Teachers' Background and Capacity to Teach Personal Finance: Results of a National Study.National Endowment for Financial Education.Retrieved from http://www.nefe.org/Portals/0/WhatWeProvide/PrimaryResearch/PDF/TNTSalon_FinalReport.pdf.

Hunt, H. (2009). *Pennsylvania Teacher Investor Education Research Project: Report Findings for the Pennsylvania Securities Commission.*

Penn State University Survey Research Center for the Pennsylvania Office of Financial Education.(2008). Status of Financial Education in Pennsylvania Schools 2007. Retrieved from http://www.moneysbestfriend.com/download.aspx?id=241.

Penn State University Survey Research Center for the Pennsylvania Office of Financial Education.(2010). Status of Financial Education in Pennsylvania Schools 2009. Retrieved from http://www.moneysbestfriend.com/download .aspx?id=556.

Pennsylvania Department of Education & Pennsylvania Department of Banking and Securities.(2013). Economic and Personal Finance Education in Pennsylvania: A Report to the Governor and General Assembly.Retrieved from https://www.portal.state.pa.us/portal/server.pt/document/1332884/financial_education_report_pdf.

Pennsylvania Task Force on Economic Education and Personal Finance Literacy Education.(2013).Report and Recommendations. Retrieved from http://www. portal. state. pa. us / portal / http://www. portal. state. pa. us;80/portal/server. pt/gateway/PTARGS_0_148494_1332883_0_0_18/Final%20Report%20PA%20Financial%20Education%20Task%20Force%202013.pdf.

Public School Code of 1949—Omnibus Amendments.(2010).Act of November 17,2010.P.L.996.No.104. §1551.Retrieved from http://www.legis.state.pa.us/cfdocs/legis/li/uconsCheck.cfm?yr=2010&sessInd=0&act=104.

第2篇　大学关注的金融素养教育

第5章　增强大学生金融能力工作成效

MARY JOHNSON

由于读大学的成本持续上升且上升速度远高于通货膨胀率，而且财政补助资金也未能跟上这些费用的增长速度，学生们越来越依赖助学贷款来完成大学教育。根据纽约联邦储备银行的估计，学生贷款债务规模已高达1.16万亿美元，仅次于抵押贷款，并已超过汽车贷款和信用卡等其他所有形式的消费债务（联邦储备银行，2015）。根据“学生债务项目（Project for Student Debt）”开展的一项年度调查显示，2013年约七成（69%）的四年制大学毕业生承担了学生贷款债务，人均贷款额为28 400美元，较2011年增长近7%（TICAS，2014）。

美国年轻人较低的金融知识水平导致人们加剧了对学生贷款债务水平上升的担忧。经合组织（OECD）国际学生评估项目开展了学生金融调查，衡量了全球18个国家或经济体15岁青少年的金融知识水平，其中美国学生平均得分为492分（满分700分），低于18个国家或经济体的平均水平。更重要的是，超过六分之一的学生没有达到金融素养的“基准”水平（OECD，2014）。这些结果虽然不尽如人意，但也不让人惊讶，因为只有17个州将参加金融教育课程作为高中学生毕业要求，只有6个州要求学生通过个人理财考试（美国经济教育委员会，2014）。

如果没有及早接触金融教育，那么大学生只知道学生贷款意味着很多钱，却不会完全理解这些债务将对他们大学毕业后生活产生的影响。当前一些报告也指出了负面影响，比如由于无法合理管理助学债务，学生推迟结婚或买房。美国注册会计师协会（American Institute of Certified Public Accountants）调查发现，75%的受访者（或他们的子女）由于每月需要偿还助学贷款做出了经济上的牺牲；41%的人推迟了退休计划；40%的人推迟了购车计划；29%的人推迟了买房计划；15%的人推迟了结婚计划。此外，不到40%的人表示他们完全理解助学贷款债务可能对他们未来计划产生的影响，60%的人表示多少有些后悔使用助学贷款来投资自身教育（AICPA，2013）。

许多学生在上大学之前没有每月偿还债务或管理预算的经验，也不了解一些基本的金融概念，比如本金和利息的差别。另一些人则很难理解金融助学条款，没有意识到需要偿还的贷款比他们直接支付的教育费用更多，或者没有很明智地使用这些资金。

有些学生贷了款却未能毕业，这格外引人注意，因为他们的违约率几乎是毕业生的4倍（Nguyen，2012）。研究表明，学生辍学的主要原因是财务状况不佳或为了挣更多的钱而参加工作（NCES，2012；Public Agenda，2011）。因此，高等教育机构越来越认识到，不仅需要帮助学生理解复杂的金融助学系统，还要帮助他们提高日常资金管理能力，以便学生能够留在学校并顺利毕业。

5.1 大学入学前的金融预热

如今，大学生们正在做着一些重要的金融决策，这些决策将对他们未来的幸福和发展产生深远的影响，但这些年轻人的财务管理经验、金融态度和金融行为水平还不能令人满意。

在过去的3年里，由Higher One公司赞助、EverFi公司开展的一项名为“校园里的金钱问题（Money Matters on Campus）”的调研覆盖了全美5万名大一学生（EverFi, Inc.，2015）。为更好地了解大学新生的金融准备状况，调查人员向学生们询问了关于银行、储蓄、信用卡、助学贷款使用、金融知识、金融态度以及过去的金融行为和未来的金融计划等一系列问题。

5.1.1 财务管理经验

2015年最新发布的调查发现，2013年以来，准大学生拥有银行账户或信用卡等金融活动经验的比例有所增加，但基本的财务管理技能和规划能力没有得到相应的提升。同时，学生们对负责任的金融行为兴趣不大，如执行预算、按时支付信用卡账单和复核账单等（如图5-1所示）。

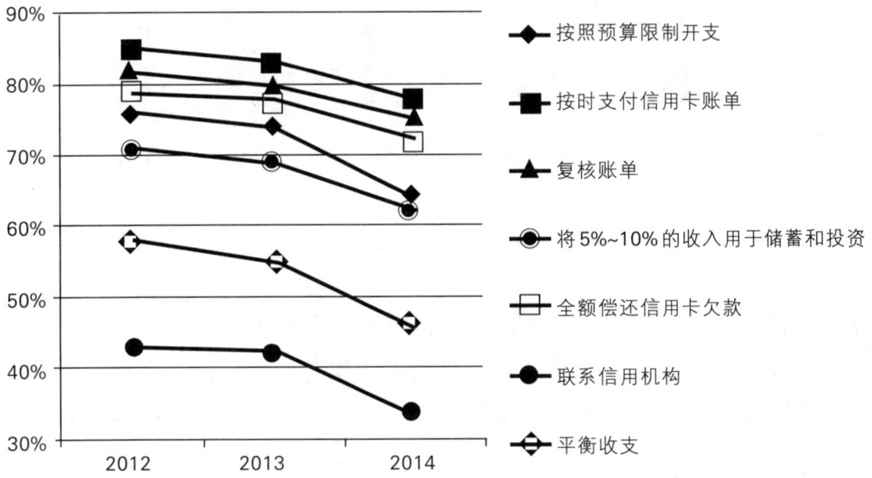

图5-1　有计划的金融行为

尽管62%的大学生会定期检查银行账户余额，但12%的学生表示因为焦虑而不愿意知道自己账户的余额情况。不到40%的人通过预算来帮助管理自己的钱，只有14%的人使用财务管理应用程序或软件。鉴于这一代人对技术的熟悉程度，这个发现尤其令人吃惊。与此同时，这也表明需要有更好的金融工具，既能够吸引、贴近年轻人，又能满足他们的日常需求和期望。记账和核对银行月账单是金钱管理的一个组成部分，但现在很少有人这样做。网上银行和手机银行等技术手段并不能替代记账的基础性作用，因为花费时间检查过去的交易不单是为了确保准确，更是为了回顾和评估金钱的使用方式。跟踪和知晓资金去向是培养财务管理能力的基本要求，但是许多年轻人并没有这样做。

研究人员还询问了学生在大学阶段的各方面经验准备情况。令人惊讶的是，学生们表示，与在学校遇到的其他挑战（如跟上课程进度）相比，财务管理经验准备是相对不足的（如图5-2所示）。之前那些反馈有支票账户的人（尤其是拥有个人账户的人），比那些没有银行账户的人明显更愿意去积累财务管理经验。这表明，在大学之前增加一些参与“交易”账户的经历，能更好地帮助学生做好独立管理自身财务的准备。

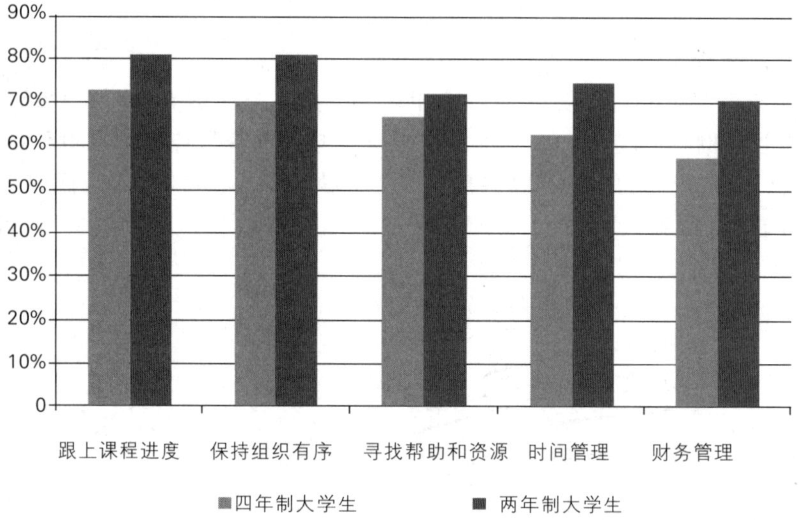

图5-2　大学阶段的各方面经验准备情况

研究还发现，即使预计到未偿还贷款余额可能有所增加，学生们也越来越不愿意按时全额偿还贷款。这反映出学生缺少对摆脱助学贷款的财务责任的理解。大学需要为学生提供更多的服务，帮助他们了解自己的未偿贷款余额，预估每月所需还款，并在毕业前提供更多关于还款和稳健决策的学习机会。例如，印第安纳大学（Indiana University）在2012—2013学年推出了一项新举措，在签署贷款协议之前，向学生们提供一封简短的告知信，告知其毕业后的每月还款额。印第安纳大学报告称，与往年相比，学生贷款减少了近3 100万美元（Bloomberg，2014）。

5.1.2　财务压力

2015年金钱事务调查（Money Matters investigation）考虑了财务独立压力带来的影响，约有一半的受访者表示财务状况让他们倍感压力，而其中女性的比例要高得多

（78%对60%），特别是毕业后的就业压力。进一步分析，拉丁裔学生的压力在所有学生中是最高的。父母的受教育水平越高，子女感受到的压力程度越低。最能表示财务压力程度的指标是毕业后的预期贷款债务总和。研究还发现，这些财务压力与金融行为、金融经验的关联度很低甚至可以忽略不计，这表明大多数学生即便之前有所准备，仍然会感受到相当大的财务压力。金融教育项目应该认识到，培养金融能力不是在真空中进行的（Way，2014），需要借鉴在公共健康领域被证明成功运用于促进行为改变的类似经验，结合压力管理策略，采取适当的干预措施。

5.2 校园行动

有证据表明，越来越多的大学认识到其在提升学生金融素养方面所能扮演的角色，但要充分满足需求还有很长的路要走。iGrad是为高校提供在线金融教育课程方面的领导者。其在2014年开展的一项调查显示，只有约30%的非营利大学在校园内开展了金融教育项目（Alban，2012）。

高等教育协会也在权衡大学金融教育的重要性。例如，2011年美国州立大学协会（American Association of State Colleges and Universities）强调理解这个经济和社会日益关切的问题的重要性，并在白皮书中指出：

> 州立大学在将金融教育融入校园社区架构方面具有独特优势，可以在这个领域发挥领导作用。通过向学生提供增值金融教育项目和服务，高校领导们可以帮助学生了解并养成审慎理财的习惯。金融教育项目可以促使公立大学更好地完成基于社区的公益使命，促进新一代公民融入美国经济（Harnisch，2010）。

这份白皮书中提出了一些具体的措施、活动和项目。首先是制定一项各方协调、全校动员的金融教育战略，充分利用学校现有的资源，包括来自金融援助、商业助学和学生服务办公室等部门，经济、商业、金融等学科，学生和学生组织，以及校友和当地社区的工作人员。

高等教育援助组织联盟金融教育特别工作组（Financial Literacy Task Force of the Coalition of Higher Education Assistance Organizations，高等教育援助组织联盟是一个由参与联邦珀金斯贷款项目的高等教育机构和服务机构组成的组织）在2014年发布了一份白皮书，阐述了有效促进校园金融教育计划的模式和方法。这份报告是由该领域的几位主要研究人员和实务界人士共同撰写的，如堪萨斯州立大学的Sonya Britt and Dottie Durband（《学生财务素养：基于校园的项目开发》（Durband and Britt，2012）的合著者）以及Sharon Lechter（《富爸爸，穷爸爸》的作者）。正如这份报告所指出的，金融教育成功的关键在于满足学生需求，同时确保校园内主要利益相关方的适当参与，以及拥有明确清晰的方向、目标和预期结果，并落实持续评估战略（Alban et al.，2014）。

尽管目前还没有形成统一的大学金融教育项目模式，但近年来有几种方法越来越流行，包括全面金融教育项目或建立财富管理中心以及一对一的咨询服务。这些模式的具体示例将在下文讨论。金融教育开展方式多种多样，比如事件驱动程序、研讨会、课堂教学、个人咨询或辅导、在线课程或项目以及基于游戏的教育。

5.3 最佳实践主题和方法

自2011年以来，Higher One公司（一家提供高等教育退款管理、支付和数据分析服务的金融服务公司）通过金融教育奖金项目为美国高校的金融教育创新提供资金支持。该项目提供小额种子奖金帮助学校在校园里开展或扩大金融项目，同时要求学生代表参与项目的规划和实施。因为参与度一直是金融教育的主要障碍之一，学生们通过参与能够更好地理解日常大学生活的挑战和压力，这有助于提升活动的创造性，以便吸引更多学生参与。学生代表的深度参与能使活动推广和宣传更为有效，因为他们紧跟时代发展，了解社交媒体及其发展趋势并能善加运用。

通过整理近期奖金获得者提供的活动报告，我们总结了一些共性规律和开始运作的最佳实践措施。

如前所述，实施金融教育项目的关键点之一是确定需要解决的问题，并设定明确且可评价的目标。奖金获得者找出了一系列期望达成的能力和行为目标（见表5-1）。一些组织专注于金融援助事项，例如确保学生每年正确、及时填报联邦学生补助申请表，或向他们展示如何通过联邦国家学生贷款数据系统（NSLDS）获取当前贷款余额信息。一些组织帮助学生制定基本预算、理解信贷、控制支出和进行身份保护，这些都是全面金融教育项目的关键要素。从机构角度看，关键目标是降低辍学率、提高毕业率，减少应收账款和坏账，减轻学生贷款负担，降低学生贷款违约率。

表5-1　能力和行为目标

主题	目标
金融援助	及时、准确填写联邦学生补助申请表 理解、跟踪学生贷款余额 知晓如何登录联邦国家学生贷款数据系统 估计助学贷款支付金额 确定助学贷款偿还选择 理解承诺条款 了解利用其他奖学金的机会
财富管理	学习制定预算 控制支出 理解信用、负债的风险 增加收入策略 储蓄与投资
身份保护	网络安全
机构目标	降低辍学率、提高毕业率 减少应收账款和坏账 减轻学生贷款负担 降低学生贷款违约率

5.4 目标学生群体

尽管奖金获得者的类型和人数变化很大，但新生、住校生和毕业季学生是最主要的三大目标群体。例如，在东华盛顿大学，住宿生活办公室与学术事务部门合作，针对大一学生举办讲座。同时，他们还提供“一分钟诊所（One-Minute Clinics）”服务，方便学生在进入或离开宿舍时获得个人理财信息。另一个例子是，密苏里河谷学院举办的“MOVAL Makes ENE about CENT$”活动，为300多名新生举办预算、储蓄、身份保护和逃课“成本”等主题的研讨会。

除了开设课程和举办新生研讨会外，机构还尽可能利用各种机会开展普及活动，如学生需要参加的欢迎周、入住周末、特殊活动和街头活动等。在现有专题活动里开展宣传不仅成本较低而且通常会得到校园社团的积极支持，因此可以作为机构开展金融知识普及工作的理想“第一步”。最重要的是，这不会影响那些现有专题项目和活动的原定安排。但一些机构反馈，将金融教育内容嵌入另外一些现有项目存在难度，如由学校其他办公室或部门“拥有”的第一年课程或新生定向日程活动，因为这些机构活动需要完全占用计划时间。同样，强制性要求的金融教育项目和课程也通常会受到抵制。由此可见，整合各利益相关方并取得支持非常重要，这关系到项目能否顺利、持续开展。

威斯康星大学奥什科什分校的一个由金融援助组织和就业办公室联合组成的工作小组在学生的“入住周末”腾出了1小时的空余时间。他们仿照流行的游戏节目“危险边缘（Jeopardy）”[①]开发了一款名为“疯狂钞票（Money Madness）”的游戏。该游戏由一群学生领袖负责组织，同一天在校园各地同时开展，覆盖全校1 750名学生。其他专项活动的例子还有艾奥瓦州西部社区学院的杂货宾果游戏以及莫雷诺谷学院的寻宝游戏。同样，由学生参与组织可以提升其创造力和影响力。需要注意的是，尽管专项活动的持续时间往往较短且不够深入，无法对学生的行为产生真正可衡量的长期影响。但是，他们确实为学生提供了重要的“触动时刻”，让他们反思自己的态度、消费习惯和其他金融目标，并有助于引起全校的广泛关注。

随着短视频和线上媒体的兴起和发展，一些街头活动越来越受到学生的欢迎。例如，明尼苏达大学和密苏里河谷学院学生会在校园里开展“新闻记者”活动。他们会对学生进行采访，询问一些金融素养相关问题，例如“你知道助学贷款利率吗”。这些活动会被录制并发布到金融教育网站、Facebook页面以及其他社交媒体。艾奥瓦州西部社区学院的学生编写脚本，拍摄并制作了4集“金钱时分（Money Minute）”金融教育视频，还原了学生在现实生活中对信用卡、预算、借款和助学贷款还款的了解情况。

---

① “危险边缘”是哥伦比亚广播公司益智问答游戏节目，已经开播了数十年。该节目的比赛以一种独特的问答形式进行，问题涉及历史、文学、艺术、流行文化、科技、体育、地理、文字游戏等各个领域。根据以答案形式提供的各种线索，参赛者必须以问题形式做出简短正确的回答。与一般问答节目相反，“危险边缘”以答案形式提问、以提问形式作答。参赛者需要具备历史、文学、政治、科学和通俗文化等各方面知识，还得会解析隐晦含义、反讽与谜语等，而电脑并不擅长这类复杂思考（来源于百度百科）。——译者注

5.4.1 宣传推广

如前所述，在大学宣传金融知识要取得积极成效的关键是让学生实实在在地参与研讨会、课堂或活动等。如果没有一个明确的要求，只将资源放在网站上或在咖啡厅举办研讨会，学生们的参与度和兴趣度都不会太高，因此需要精心策划、评估、实施推广策略。

最成功的推广策略是设计具有较高认知度和吸引力的“品牌”，并通过网站、社交媒体、电子邮件、海报、横幅等方式进行宣传。下面提供了一些示例（如图5-3所示）。

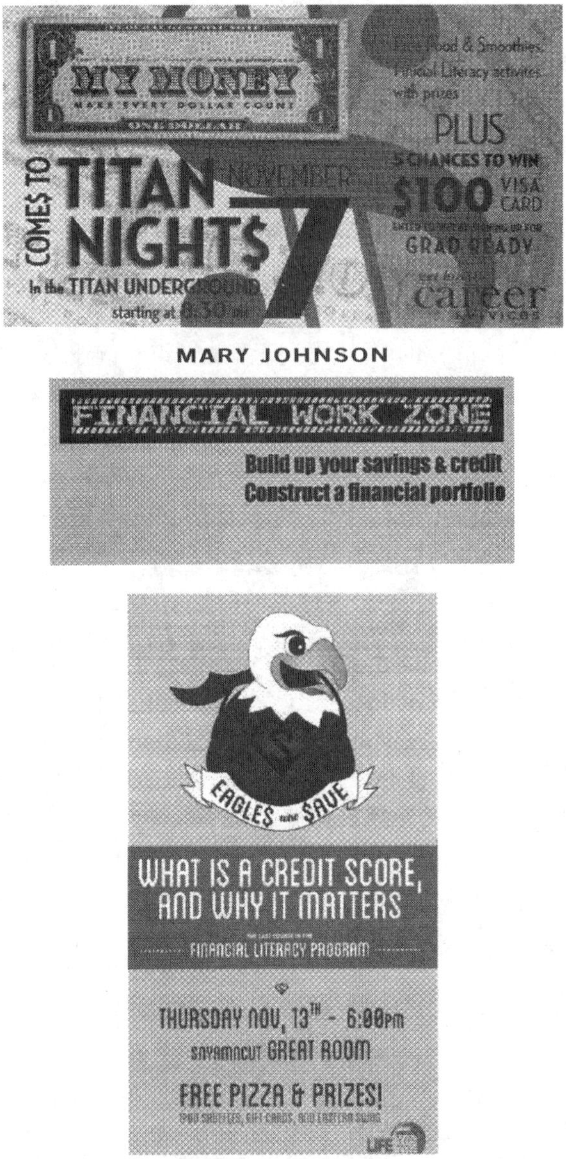

图5-3　推广示例

另一些吸引学生的有效策略有：提供食物和茶点；给予奖励，如礼品卡或书店奖学金；参加研讨会，以取得额外课程学分。对于那些倾向于成为上班族的社区学院学生而言，他们在校园的时间不会比大学四年的同龄人多，因此，与教师合作，提供奖励措施或将金融教育融入课堂，可能是提高学生参与度的关键。

5.4.2 一对一咨询

另一个有效的方法是一对一的咨询和辅导，这是对那些在日常生活中面临困难的学生的最好的帮助方式。在大多数项目中，提供单人辅导的导师都接受过由经过专业金融教育或咨询认证的工作人员开展的个人理财培训。然后，这些导师会提供当面辅导或电话辅导，在课堂、学生俱乐部、宿舍以及其他特殊活动场所进行讲授。一些机构会提供更加丰富的金融教育活动，比如一对一咨询服务。还有很多大学开展这样的项目，如堪萨斯州立大学、俄亥俄州立大学、阿姆斯特朗州立大学、北达科他州大学和埃默里大学等都有类似项目。

一些机构正在尝试在学生真正进入校园之前就采取措施，让个人导师或工作人员到当地高中开展金融教育。其中一个是由非营利组织开展的Moneythink（见第3章）项目，这是一个面向年轻人的致力于通过金融教育恢复美国经济健康的行动。该项目始于2008年的芝加哥大学。该项目通过培训大学生志愿者来为城市高中生提供陪伴式的金融指导。奥巴马认为这是美国最有前途的社会创新之一，目前该项目在10个州拥有30个分会，并正在继续扩大。该项目还开发了一款名为“金钱思考（Moneythink Mobile）”的手机应用程序。学生使用手机应用程序完成数字挑战并在课堂外获得积分和知识强化，逐步建立金融意识和习惯。一些高等教育机构也正在通过大学新生测试这款手机应用程序的效果。

5.4.3 在线项目

现在在线金融教育项目越来越多，特别是专门针对大学生群体的。使用在线平台的好处是有可能覆盖大量学生，而且平均到每个学生的成本相对较低（与全职教员或线下课程相比）。此外，项目内容往往还更具互动性，更能吸引学生。例如，国家金融教育基金会（NEFE）最近更新了现金课程项目（见第6章），这个课程被免费提供给学校注册使用。根据NEFE网站的统计，大约900名大学生已经注册使用这个课程。科罗拉多学院也提供免费的在线项目，并为教育工作者提供资源和材料。此外，还有许多第三方机构提供交互式在线程序，包括EverFi、iGrad和SaltMoney。

在线项目本身并不是缩小金融教育差距的灵丹妙药，因为各家机构都面临着与传统授课方式一样的挑战，即学生如何参与和应用。仅仅在网站上提供链接或者给学生发邮件并不能保证学生参与项目。使用在线平台最成功的方式是配套相应的任务或激励来引导学生持续地完成课程。此外，尽管这些项目已经被证明能够有效地促进短期知识获得或行为改变，但仍缺乏证据支持其会对期限更长的金融能力发展和行为变化存在有效影响。

5.4.4 评估和结果测量

考虑到校园各利益相关方的竞争，获得支持和资源以开展可持续的金融教育项目是一项挑战，因此，不管项目时长或强度如何，评估与沟通这些金融教育工作成效是非常重要的。大学管理者需要证明他们的支持是有效的；实践者需要持续的反馈来改进项目，调整不同需求的优先级。为了实现提高金融知识水平和负责任金融行为的关键目标，大多数机构通常会在项目实施前后开展问卷调查和测验，以提供最清晰的短期效益指标。衡量学生对项目和服务的满意度，特别是针对项目内容和传播方式的满意度，也应该是所有评估策略的一部分。

有一些机构（如堪萨斯州立大学和俄亥俄州立大学）正在努力衡量金融教育项目对知识、满意度和压力的长期影响。一些在线项目也开展了学习完成后几个月的跟踪调查。也许更为可信的是亚利桑那大学开展的一项名为“亚利桑那人生成功路（Arizona Pathways to Life Success，APLUS）”的研究。这是针对年轻人金融知识和实践变化的最早的一项长期研究之一。这项研究始于金融危机前夕，研究对象是2007年刚入学的一年级学生，对这些年轻人一直持续跟踪调查到其中年。最新的“第三波”报告结果显示，在成长期开展金融教育并反复强化会对年轻人产生不断累积的正面影响。这项研究还指出，在通向成年“自立自强”的道路上，及早培养积极的金融行为有诸多好处（Serido and Shim，2014）。

5.5 机构展示窗

本章介绍了许多有效、可行的金融教育项目，下文将重点介绍其中三个机构及其所提供服务的重点和细节。

5.5.1 萨姆休斯敦州立大学（得克萨斯）

萨姆休斯敦州立大学金钱管理中心（见第9章）作为一项金融拓展和教育方面的学生服务项目成立于2008年。项目使命是帮助学生获得公平的金融素养教育和金融工具，促使他们实现财务独立。创建这个中心的最初想法来自学校银行卡诈骗办公室的观察，因为学生们经常去那里询问如何将助学贷款多余款项[①]用于与大学教育无关的事务，如购物、娱乐和旅行等，而不是用于支付教育费用，如购买书籍等。

正如该中心网站陈述的那样，中心的目标是帮助学生做到以下几点：

- 学习如何管理支出，并创建个人预算。
- 制订大学财务计划。
- 制订毕业后的助学贷款偿还计划。
- 在确定职业之前了解员工福利和退休计划。

该中心所有员工均为经认证的个人理财咨询师。该中心提供各种各样的服务，包括提供金融辅导，举办研讨会、专项活动，开展课堂讲授。

5.5.2 俄亥俄州立大学

俄亥俄州立大学采取了一种更全面的方法将金融教育带给学生（见第10章）。俄亥

---

① 助学贷款多余款项指的是在支付所有“直接”的学费和费用后助学贷款中剩余的资金。

俄州立大学通过开展“红与灰金融项目（Scarlet and Gray Financial program）”为本科生、研究生和职业学生提供金融教育。该项目的办公地点设在学生健康中心，由受过训练的学生导师提供免费、可信的一对一金融辅导，同时在第一年体验课程中、校园组织内、学生宿舍里、其他课堂上向学生进行教育演说。项目使命是使学生“通过目标驱动方式拥有健康的金融态度和行为，创造自己想要的生活”。项目关注的具体课程领域包括金融目标设定、银行基础知识、预算管理、信用教育和债务偿还教育。

5.5.3 伊利诺伊大学

伊利诺伊大学的学生金钱管理中心（Student Money Management Center）通过多种宣传渠道（如网站、一对一辅导、在线会议、研讨会等）引导学生发生正面的行为改变。该中心通过iGrad金融教育平台提供内容丰富的文章、交互式预算管理工具、具有吸引力的网络研讨会以及在线社区，让美国各地的学生和金融教育工作者可以在这里就共同的金融话题展开交流。

最近，该中心推出了一项“金融教育徽章项目（Financial Literacy Badges Program）”，即利用在线平台，让学生获得并展示收入、支出、储蓄、借贷和身份保护五项核心金融能力的成就。学生只有在每项能力上完成至少三次教育活动才能获得徽章。其中一个令人关注的组成部分是，要求收到金融助学贷款的学生参加测试，以提醒学生合理使用这些资金。2014年秋季，近3 000名学生参加了该项目。

5.6 总结

各所大学已经逐渐提高了认识，它们有足够的热情帮助学生在求学期间负责任地借贷与有效管理个人财务，这是确保学生顺利毕业、取得学位后继续保持财务稳定的关键因素。最近的研究揭示了金融素养提升的复杂性，特别是在金融经验、态度和压力对金融行为的影响方面。尽早提供更多的金融教育机会，特别是在高中阶段，将更好地帮助学生为大学经历做好准备。但是，在更多的州将金融教育纳入K-12核心课程之前，高校必须协助填补这一空白。

大学金融教育项目的数量和力度都在不断增加，范围从举办专项活动、研讨会到设立提供全方位服务的金钱管理中心。一对一辅导模式在接触和吸引学生方面也被证明是有效的。然而，有限资源的相互竞争限制了这些活动的扩展和持续。在尚未出现统一的大学金融教育推广模式的情况下，由学生参与设计和组织金融教育活动是一种有效的选择。此外，将重点放在改变金融态度和减轻压力的策略上可能会提高金融教育项目的成效。

在金融教育不断发展的今天，我们需要对金融教育项目的有效性和长期影响开展更多的研究和评估，以便充分地了解金融能力在大学前和大学时期的发展，以及哪些干预措施能产生最积极、最持久的效果。

参考文献

Alban, C. (2012). College Financial Literacy Compendium. Retrieved on April 28, 2015 from http://schools.igrad.com/financial-literacy-resources/.

Alban, C., Britt, S., Durband, D., Johnson, M.K., and Lechter, S. (2014). Financial Literacy in Higher Education: The Most Successful Models and Methods for Gaining Traction. Retrieved April 28, 2015 from http://coheao.com/wp-content/uploads/2014/03/2014-COHEAO-Financial-Literacy-Whitepaper.pdf.

American Institute of CPAs(2013). Realities and Regrets of Student Loan Debt. Retrieved on April 5, 2015 from http://www.aicpa.org/press/pressreleases/2013/pages/aicpa-survey-reveals-effects-regrets-student-loan-debt.aspx.

Bloomberg Business(2014). *How Students at a U.S. University Borrowed $ 31 Million Less.* Retrieved on April 28, 2015 from http://www.bloomberg.com/news/articles/2014-07-03/here-s-how-indiana-university-students-borrowed-31-million-less.

Council for Economic Education(2014). *Survey of the States 2014.* Retrieved on April 1, 2015 from http://www.councilforeconed.org/policy-and-advocacy/survey-of-the-states/.

Durband, D. and Britt, S. (Eds.). (2012). *Student Financial Literacy: Campus-Based Program Development.* New York: Springer.

EverFi, Inc. (2015). Money Matters on Campus: How College Students Behave Financially and Plan for the Future. Retrieved on April 10, 2015 from http://moneymattersoncampus.org/.

Federal Reserve Bank of New York(2015). Quarterly Report on Household Debt and Credit. Retrieved on April 28, 2015 from http://www.newyorkfed.org/householdcredit/2014-q4/data/pdf/HHDC_2014Q4.pdf.

Harnisch, T. (2010). *Boosting Financial Literacy in America: A Role for State Colleges and Universities.* New York: American Association of State Colleges and Universities.

National Center for Education Statistics(2012). Higher Education: Gaps in Access and Persistence Study. Retrieved on April 14, 2014 at http://nces.ed.gov/pubs2012/2012046/tables/e-38-1.asp.

Nguyen, M. (2012). *Degreeless in Debt: What Happens to Borrowers Who Drop Out . Charts You Can Trust.* Education Sector.

OECD(2014). PISA 2012 Results: Students and Money(Volume VI). Retrieved on April 28, 2015 at http://www.oecd.org/pisa/keyfindings/pisa-2012-results-volume-vi.htm.

Public Agenda(2011). With Their Whole Lives Ahead of Them. Retrieved on April 15, 2015 at http://www.publicagenda.org/files/theirwholelivesaheadofthem.pdf.

Serido, J. and Shim, S. (2014). *Life After College: Drivers for Young Adult Success.* Tucson, AZ: University of Arizona.

The Institute for College Access and Success(2014). Student Debt and the Class of 2013. Retrieved on April 15, 2015 at http://ticas.org/posd/home.

Way, W.L. (2014). Contextual Influences on Financial Behaviors: A Proposed Model for Adult Financial Literacy Education. *New Directions for Adult and ContinuingEducation*, 2014(141), 25–35.

第6章　金融素养教育：国家金融教育基金会（NEFE）

AMY MARY

过去30年里，国家金融教育基金会（NEFE）一直为包括学生、教育工作者和消费者在内的广泛受众提供个人理财教育教学资料。这一章涵盖了NEFE最近在高等教育和金融教育方面的一些工作。

我是NEFE的一名项目主管，负责管理一个名为“现金课程（CashCourse）”的在线大学金融教育项目，目前该项目在全美大约900所院校中开展。“现金课程”将在下文中详细介绍。

6.1　NEFE概述

NEFE是一个私人的非营利性基金会和501（c）（3）组织，总部设在科罗拉多州的丹佛市。它是独立资助、非商业性、政治中立的，而且它向公众提供的所有教材和服务都是免费的。

NEFE创立于1972年，前身是位于丹佛市的非营利组织——金融规划学院（College for Financial Planning），该组织首创了注册金融规划师认证制度，协助将金融规划确立为一种职业。1992年，NEFE作为金融规划学院的母公司成立，并在1997年将金融规划学院出售给一个外部组织，出售所得资金被用来设立NEFE目前的捐赠基金。NEFE不接受产品销售、个人、政府或公司的资金支持，资金增长仅来自基金资产的投资。NEFE的第一个金融教育项目——“高中财务规划课程（High School Financial Planning Program）”——创建于1984年，直到今天仍在5 000多所高中和其他教育机构应用。

在金融教育领域存在着商业利益、政府利益、消费者利益，也存在着非营利性参与者的竞争，他们都试图吸引美国公众并影响其行为。NEFE的作用是为教育工作者和消费者提供无偏见的研究和教育材料，不受任何政治或商业关系的影响。

6.2　高等教育中的金融教育

NEFE在2007年为高等院校开设了金融教育课程——“现金课程”，并在“十大联盟（Big Ten conference）”院校进行试点。我们发现，高中之后，年轻人在接受金融教育方面存在空缺，基于对一个可信的、可扩展的项目的需求以及对学生债务的日益关注，我们创设了“现金课程”。在大学阶段，金融教育课程应当更灵活，因为每个学校及其学生都是独一无二的，每个学校都有不同的需求和课程标准，创建一门“标准课程（in-the-box course）”可能受众有限。因此，“现金课程”被设计成一个网络金融资源库，大学生、教师及相关行政管理人员遇到问题时都可以在这里得到解答。

尽管网络课程可以让学生随时学习，但“现金课程”还是依赖于教职工的支持，因为要靠他们积极调用课程和教学资源来帮助学生学习。众多在线金融教育项目面临的挑战之一，是大家期望一门特定的课程一经开设就能够为学校提供完美的服务，特别是作为一门选修课程。事实上，如果仅作为选修课，学生一般不会选择接受金融教育，除非这些学生在金融方面已经具备一定的能力和主动性。因此，学校越是将金融知识融入必修课或受欢迎的课程中，学生越有可能接受个人理财的概念，并接触到这些学习资料。这并不是说学生们看不到这些学习资料的价值，只是大家在平时倾向于忽略自己的金融状况，只有在危机或紧急情况发生时才发现需要采取行动。激发学生主动学习金融知识仍然是一个挑战。

助学贷款已经成为金融教育领域及公众和媒体讨论的热门话题。关于精明借贷的讨论是一个重要话题，但它往往掩盖了其他值得关注的问题，尤其是在新形成的家庭中。除了还贷能力外，如何定义“一个在金融上负责的人”是至关重要的，它决定了什么领域值得教育工作者和高等教育机构关注。

6.3 研究：年轻人和金融教育

NEFE最近资助的一项研究帮助我们了解如何使年轻人在经济上变得更有能力。本章对该研究进行了简要的总结，完整的报告可在NEFE网站的研究栏目中查看。

2013年6月，NEFE发表了一篇由John G. Lynch博士、Daniel Fernandes博士和Richard G. Netemeyer博士撰写的研究成果，题为“金融素养和金融教育对下游金融行为的影响（Effect of Financial Literacy and Financial Education on Downstream Financial Behavior）”。该研究基于对现有金融教育研究的科学回顾和元分析，探索了“金融教育、素养和行为之间的联系”（Lynch，Fernandes，and Netemeyer，2013）。这项研究提供的数据支持了人们普遍接受的观点，即金融素养驱动更好的金融决策。主要研究结果如下：

（1）金融教育的数量和时间很重要。在通过提升金融素养来改善行为方面，即将做出金融决策时的教育会产生更大的影响。

（2）迄今为止测度的金融素养和行为之间的关系都是弱相关的，教育干预和金融素养与行为之间的联系也非常微弱。此外，在测度金融教育对金融知识获取和金融行为的影响的研究中发现，通过金融教育干预产生的影响也远小于类似领域的教育，如工作培训和职业咨询。

（3）以往调查的结果值得重新审视。不同类型的研究产生了如此不同的结果——远比科学预测的差异更大——不禁使我们质疑，这些差异在多大程度上来自研究设计和分析过程的巨大差异（Lynch，Fernandes，and Netemeyer，2013）。

图6-1展示的是，在金融素养教育的数量和时间方面，每次金融素养教育“干预”时间的长短对日后金融决策影响的大小随着时间推移而产生的变化。例如，在财务决策

前刚刚上过24小时的课程比2年前上过同样一门课程所产生的影响更大，或者比做出决策前几个月上过用时很短的课程所产生的影响更大。

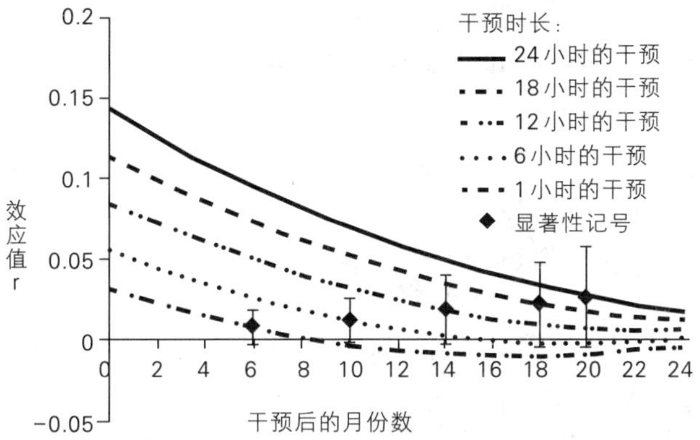

图6-1　金融教育的时效性示例

该研究的结论是：研究者需要在特定背景下规范地陈述针对金融教育效果的研究结果，清楚地辨别金融知识、行为的变化情况（Lynch，Fernandes，and Netemeyer，2013），同时应该探索不同受众接受何种教育措施的效果最好，以及各项推广措施和活动是如何影响金融行为和金融素养的。

关于大学生等年轻人，最近一项由NEFE资助的研究指出了助学贷款和消费贷款对大学生毕业后的态度和经济选择的影响。该研究由美国俄亥俄州立大学社会学部门Randy Hodson博士和Rachel E. Dwyer博士负责，题目为“金融行为、债务和成长期生活的转变：基于全国青年纵向调查，1997年群组（Financial Behavior，Debt，and Early Life Transitions： Insights from the National Longitudinal Survey of Youth，1997 Cohort）”。研究发现，对于处于成长期的千禧一代，“债务促进成功，但会导致情感压力或金融压力以及推迟成家”（Hodson and Dwyer，2014）。以下是该研究的一些主要发现：

（1）与被遗忘的一代（Generation X，出生于20世纪70年代的美国人）相比，千禧一代在更早的年龄段承担了金额更高的信用卡债务。

（2）四年制大学的千禧一代中有学生贷款的人更有可能晚婚，同样的情况也发生在两年制大学的千禧一代身上。

（3）截至2009年，50%的千禧一代无力偿还住房抵押贷款。在前几年，这个数字还不到10%。

（4）千禧一代的信用卡债务增加了他们的焦虑和抑郁，而低收入家庭受到的影响最严重。

（5）在大萧条后，所有收入水平的千禧一代都认为自己拮据，入不敷出。

（6）从父母那里得到金融建议的千禧一代反映，他们的金融压力低于接受非专业人士提出的金融建议或未收到任何金融建议的同龄人（Hodson and Dwyer，2014）。

这项研究对处于成长期的千禧一代的生活和金融状况提供了一些令人关注的结论，但也提出了一些问题，即金融素养教育应如何更好地服务于人们从成长期步入成年的过渡阶段。

一项对亚利桑那大学毕业生进行的纵向研究分析了年轻人如何提升金融知识水平，以及他们如何过渡到成年状态，特别考虑了经济衰退期间年轻人所处的经济环境。该研究项目由NEFE资助，项目名称为“亚利桑那大学生的成功之路（Arizona Pathways to Life Success for University Students，APLUS）”，由明尼苏达大学的Joyce Serido博士和威斯康星大学麦迪逊分校的Soyeon Shim博士主持，第三阶段的研究成果在2014年发布。

APLUS跟踪研究了2007年秋季进入亚利桑那大学的年轻人。在第三阶段的研究中，这些年轻人的年龄在25岁左右。研究调查了大学毕业后的年轻人是如何开启他们的职业生涯并过渡到成年期的。

超过一半的被调查者（包括将近一半的全职工作者）至少部分依赖家人的经济支持，而这种情况让其父母的退休计划面临风险。被调查者因金融状况不稳定（无论是实际的还是预期的不稳定）而面临着偿还助学贷款、买房、实现储蓄目标以及大宗消费等方面的压力。被调查者的金融不稳定影响了他们的生活满意度和身心“获得感”。收入和债务水平将进一步影响生活质量，“在全职、兼职、无业的被调查者群体中，有债务者比无债务者在幸福感方面低17%、19%和31%，在生活满意度方面低4%、8%和10%”（Serido and Shim，2014）。

最后，大学期间的金融行为对成年早期有影响。研究发现了三种发展模式：第一种是高水平被调查者（12%），在研究的三个阶段中始终保持高度负责任的金融行为；第二种是反弹的被调查者（61%），开始上大学时有适度负责任的金融行为，这些行为在第四年有所下降，但在研究的第三阶段即两年后又出现反弹；第三种是陷入困境的被调查者（26%），在上大学时金融行为不佳，到第四年时进一步下降，尽管他们的行为在两年后有所改善，但仍比大学一年级时更糟糕，而且明显低于其他所有参与者（Serido and Shim，2014）。

对高等教育提供者而言，APLUS强化了学校金融教育对学生毕业后幸福感的重要性，但也揭示出，个人态度和大学前的父母教育是至关重要的。综上所述，“更好的金融态度、更高的父母期望以及接受金融教育等，都能促进年轻人更成功地向成年过渡；缺乏金融教育、缺乏金融知识、缺乏金融控制以及父母教育缺失等，都将降低成功过渡的可能性”（Serido and Shim，2014）。

6.4 有效金融教育的五个关键因素

2014年，NEFE的教育主管Billy J. Hensley博士为金融教育工作者制定了一套准则，即有效金融教育的五个关键因素。这些准则旨在设定一套金融教育的最低标准，希望引导该领域形成更多的一致性标准。准则内容如下：

6.4.1 教育工作者应训练有素（或通过数字学习测试）

简单地将个人理财纳入学习框架是不够的，教育工作者只有对个人理财教学有信心、有能力、有知识储备，才能为学生创造一个理想的学习环境。教育工作者通过参加大学水平的课程或研讨会来达到这一熟练程度，这些研讨会需要被认定为确实能提高授课效率。从根本上说，教育工作者应该深度理解金融教育的教学内容和教育学原理。

6.4.2 教育项目资料应经过审核或评估

内容和项目资料（如课堂活动、主题、示例和作业等）应在咨询实践专家（如保险代理人和财务规划师）的基础上制作而成并接受严格的测试，以确保满足受众需要。例如，所有的教学材料都应该包括正确的最新信息，以符合多样化的学习目标和贴合不同受众年龄需求为导向，并通过外部评估者的有效性测试。

6.4.3 课程应具有及时性

课程目标、教学工具和教学主题应该与学习者当前需要做出的金融决策相关联。如果主题涉及的概念与受众能力相距较远，就应该使用替代示例来传达类似的概念，替代的示例必须与受众近期的决策或行动关联度较高。特别是课程时间相对有限时，这个理念尤为正确。例如，针对16岁学生，利用大量时间来讲授住房抵押贷款，可能比讲授偿还借款（使用助学贷款或车贷等例子）和获得贷款担保流程的效果要差。此外，学习者应该在课堂教学外获得项目资料，以便在适当的时候学习和练习。

6.4.4 主题应与受众具有关联性

与教学的及时性一样，主题与受众的关联度不仅是教学内容能否吸引人的关键，而且对教学能否最终影响行为至关重要。如果学习者不能理解主题、例子和内容，那么教师所追求的高参与度就无法达到。例如参加社区免费金钱管理研讨会的年轻人，他们的工作大多不提供401（k）或403（b）储蓄计划。假如对受众情况和教学内容理解不深，教师演示的例子可能更多地涉及通过多元化基金来实现储蓄，而不是通过讨论储蓄、应急计划、解释不同储蓄账户的区别、大额存单和个人退休账户等来传达相同的概念。

6.4.5 应采集影响的证据（评估）

教育工作者应持续搜集信息以了解教育项目产生的影响。精心设计的评估可以告诉教育工作者他们在哪些方面对金融行为、知识和信心产生影响，学生对哪些方面感兴趣，哪些工作需要改进等。这些评估可以在内部主导下开展，也可以在外部主导下开展。在缺乏评估的情况下，教师们依靠传闻来为他们的工作提供信息，而更健全的评估能准确显示哪些方面应当被立即完善，哪些方面的成功经验可以被推广应用（国家金融教育基金会，2014）。

6.5 “现金课程”的经验

基于五个关键因素，加之对受访者进行访谈的定性研究，NEFE员工们观察到一些趋势，即在高等院校层面上，金融教育项目取得了成功。

首先，金融教育没有一个“放之四海而皆准”的方法。与我们合作的每个学校都有不同特点，我们尽管可以从同行那里学到一些经验，但具体到一所特定的学校，通常需要几个学期才能找到适合学生群体的项目类型。通常情况下，教职员工或其所在的部门首先决定要为学生提供金融教育，然后就如何完成这项任务提出想法，但当学生接受度较差时，他们会感到失落。经历几轮的尝试和纠偏，一个更完善的金融素养教育计划就产生了。

在学生参与的每个阶段中创造个人获得感是至关重要的。金融教育需要让前来上课、在办公时间上门问询、在网上查阅文章的学生立刻有所收获。当有机会与学生接触时，教育工作者应该特别关注个人的收获，无论是储蓄计划、债务偿还策略、报税所需的文件清单，还是与课程内容相关的任何有意义的东西。与其用理论来教授金融课程，不如让学生有机会实践他们所学到的知识并立即应用。这与Lynch、Fernandes和Netemeyer关于即时决策相关的金融教育研究结论不谋而合。结合学生的现实生活提供并实施金融教育，能够使学生的大学经历更加丰富。

NEFE看到有些学校成功实施的策略之一是，将个人理财作为必修课的一部分，或者采用其他方式激励学生关注个人理财。当学校把这项内容作为必修课（如新生研讨课或第一年体验课程等）的一部分时，影响学生兴趣的第一道障碍显然被移除了。还有些学校将个人理财项目与获得学校奖学金或助学金、学术建议、学术进步和体育等捆绑在一起。然而，如果学校没有把个人理财项目作为一个必选项，那么备选的金融活动就需要被定位为对学生而言投入较少、进入门槛很低。通常情况下，这些选修课所能吸引的是原本就对个人理财感兴趣的学生，而其他学生不太可能参与。

选择同龄人作为导师或咨询师的大学反映，其在金融教育方面取得了更大的成功，尽管这种成功的原因尚不清楚。一种可能性是，这种举措为学生们谈论个人理财问题创造了机会，有助于在个人理财方面形成更加开放的校园文化。学生们也可能会觉得从同龄人那里得到帮助比从教职员工那里得到帮助要舒服得多。如果在项目知晓度上存在问题，那么与学生组织合作，为其成员传授金融知识也被证明是扩大参与度的有效途径。

正如Lynch、Fernandes和Netemeyer的研究所指出的那样，金融教育不太可能被作为所有学生必须关注的主题。那些为学生创造了很多机会来培养金融技能的学校往往更能吸引学生。通过在各个部门之间共享资源和员工时间，设计具有弹性的、广泛适用于各类目标的教学项目对这些学校大有裨益。每个学校都能在不同的时间以不同的方式接触到学生。协作不仅能减轻单个部门的负担，而且能提高项目的有效性。

最后，衡量和评估是成功的高校金融教育的重要组成部分。虽然选择哪些主要指标衡量金融教育成效还有待讨论，但可以肯定的是，选择一些可衡量的结果并用来参照比较学生表现的学校，往往在金融教育方面更有成效。助学贷款借款人的群体违约率是一个常见的衡量指标，尽管这项指标没有衡量学生金融能力的其他重要方面。虽然没有统一的标准来衡量金融教育项目成功与否，但是选择一些关键的学生财务健康指标的院校能够更好地看到它们的努力在哪些方面收到实效。

6.6 教育系统中的金融教育

2013年12月，加州社区学院校长办公室（California Community College Chancellor's

Office，CCCCO）与NEFE接洽，商讨可供助学贷款违约率最高的学校采用的违约预防计划。作为这个项目的一部分，CCCCO还希望推出一项金融教育计划，覆盖112所大学的210万名学生。

经过几个月的讨论，以及向CCCCO和教师评审团的多次路演及几轮问答，NEFE的大学金融教育项目——“现金课程”——被选为加州社区学院系统的金融教育合作项目。

在为项目制订战略远景和计划时，NEFE和CCCCO关注了三个主要领域：将“现金课程”融入系统中每所学校的校园项目；在所参与的学校建立倡导理性金融行为的校园文化；帮助加州学生和社区提升金融能力。

NEFE和CCCCO合作制订了项目最初5年的战略计划。该计划详细阐述了各利益相关者的关注点、金融教育的实施领域、课堂之外的拓展活动，以及通过“现金课程”进一步明确NEFE的介入程度。

战略计划的第一阶段包括为加州所有社区学院设立“现金课程”，在其他阶段将陆续开展社区拓展活动、开设课堂或培训讲师等。

NEFE还在“现金课程”中为每位加州社区学院学生分配一个学生ID，以便与学生在其他机构的活动记录关联起来。这些数据将有助于评估参与金融教育项目对学生贷款违约、借款水平和学位取得等方面的影响。

这是一个非常令人兴奋的机会。NEFE将通过在社区学院开设“现金课程”，更深入地分析其在3~5年内对学生的金融知识水平和金融行为的影响程度。我们将与CCCCO建立伙伴关系视为在全国教育系统中使用“现金课程”的试点项目，从这次合作中收集的信息可以被应用于未来的全国教育系统。

6.7 最后几点思考

金融教育近年来已成为一个引人注目的话题，部分原因是2008年的经济衰退和美国助学贷款债务的不断增加。高等院校可以对学生们产生积极的影响，为他们毕业后的金融生活做准备，但吸引学生参与始终是教育工作者和相关工作人员需要面对的挑战。在研究的基础上调整金融教育策略可以帮助高校进一步实现这一目标——为年轻人毕业后的金融生活打好基础。

参考文献

Hodson, R., and Dwyer, R. (2014). Money and Milestones: The Impact of Debt on Young Adults' Financial Life Transitions. In *Financial Behavior, Debt, and Early Life Transitions: Insights from the National Longitudinal Survey of Youth, 1997 Cohort*. National Endowment for Financial Education.

Lynch, J., Fernandes, D., and Netemeyer, R. (2013). Examining Financial Education: How Literacy and Interventions Affect Financial Behaviors. In *The Effect of Financial Literacy and Financial Education on Downstream Financial Behaviors*. National Endowment for Financial Education.

National Endowment for Financial Education. (2014). Five Key Factors for Effective Financial Education.

Serido, J., and Shim, S. (2014). Executive Summary. In *Life After College: Drivers for Young Adult Success, APLUS Arizona Pathways to Life Success for University Students Wave 3*. National Endowment for Financial Education & Citi Foundation.

第7章　金融素养教育：通往金融幸福之路

THEODORE R. DANIELS

7.1　美国金融教育与职业发展协会的金融教育倡议

美国金融教育与职业发展协会（Society for Financial Education and Professional Development，SFE&PD）的使命是提高美国社区的金融和经济学知识水平。我们使用通信工具、在线会议、社交媒体推进全国性金融教育研讨会和学习班，使人们能够更好地理解个人理财管理的概念和实际应用。这些研讨会、学习班体现了SFE&PD专为大学生量身定制的金融教育项目的核心倡议，并且囊括了对消费者保护法律法规的解读培训。

研究表明，为学生及其家庭提供指导的金融教育项目是提升大学毕业率的一项关键因素。协会为学生定制金融教育计划并帮助他们明智地管理自己的财务。大学生和研究生——特别是那些来自低收入家庭的学生——从这个项目中获益良多。该项目帮助他们理解金融责任并使他们在大学生活中游刃有余。

通过研讨会，学生们学习到实用的金融策略，并在日常生活中涉及信贷、支出、储蓄、投资、退休和房产规划等方面时做出明智的决定。通过教会年轻人如何负责任地管理个人信用，金融教育还可以帮助年轻人做好就业准备。截至目前，美国金融教育与职业发展协会已经向全国90多所高校的20多万人提供了金融教育培训，其中有70多所高校是传统黑人院校（historically black colleges and universities，HBCUs）。

协会的愿景是：这个国家的每个人都能在个人理财的概念方面受到良好的教育并在使用金融资源的过程中对这些概念加以应用。对金融教育的全国性投入将使所有美国人在金融方面收效颇丰，更广泛地参与美国经济。

很多前沿的金融信息（包括论文、研究和调查）表明，金融素养水平最高的个人和家庭掌握着最多的财富和经济保障。例如，美国不同群体之间资产所有权的差异显示了储蓄和消费偏好的差异，这有助于解释少数群体在财务管理理念和行为上的差异。

根据2013年家庭经济和决策调查问卷（2013 Survey of Household Economics and Decisionmaking）的反馈信息，美联储委员会（Federal Reserve Board）发布了《美国家庭经济福祉报告》（Report on the Economic Well-Being of U.S. Households），分析了美国家庭在金融自我感觉和经济福祉方面的情况和面临的问题。报告指出，信贷经验和期望似乎因种族和民族而异。但是，这份报告又继续指出，这种差异可以被其他因素部分解释，比如受教育水平（Schmeiser，2013）。此外，我们还发现在世界范围内存在这样一种共识，金融素养水平最低的群体正是金融资产和经济保障水平最低的群体。

向人们提供金融教育可以促使其获得必要的金融知识，以便获得经济保障并维持家庭金融稳定。此外，经济保障可以消除导致其他社会经济问题的金融压力，这些问题对社会有着巨大的影响。最近的一项研究进一步证实了这一说法，指出金融压力导致人们在使用现有金融资源和面对其他问题时做出不明智的金融决策，会损害个人理财福祉或经济保障。

每个人每天都会有意识或无意识地做出金融决策。这些决策会对他们获得经济保障产生巨大影响。劳动的最终目的是获得经济保障。因此，获得金融知识和技能、在使用金融资源的过程中做出明智和健全的金融决策，对每个人来说都是很重要的。这种决策还包括知道应当将多少金融资源用于价值有限或增长有限的业务或金融交易。

提高个人理财素养的主要目的是做好充分的准备并在利用信贷、设置并实现金融目标、储蓄和投资、风险管理（保险）、退休和税务筹划等方面做出明智的决定。此外，了解这些个人理财关键要素之间的相互关系也很重要。例如，信贷管理不善会限制一个人获得经济保障的能力，耗尽家庭的金融资源，限制个人积累退休储蓄以及把握就业机会的能力。

越来越多的研究和调查表明，有必要提高非裔美国人的金融素养。例如，美国联邦存款保险公司（Federal Deposit Insurance Corporation）针对“未获得银行服务及未获得完善的银行服务的家庭”（Unbanked and Underbanked Households）的调查显示，与银行没有业务关系的非裔美国人比例很高（Ryan，2009）。调查和数据分析还显示，非裔美国人储蓄率低、使用高利贷、不善于管理信贷、保险水平低、退休储蓄积累不足、住房拥有率仅为44%、财富中位数低、债务水平高等。事实上，许多非裔美国人没有意识到，较低的信用评级会毁掉他们的就业、保险、开立支票账户等一系列提升生活质量的机会。

2013年，密苏里州圣路易斯联邦储蓄银行家庭稳定中心发布了一份题为“重建家庭资产负债表，重构经济（Rebuild Family Balance Sheets，Reconstruction the Economy）”的年度报告。报告指出，虽然所有美国人的财富都因大衰退而缩水，但受教育水平较低的年轻非裔和拉丁裔美国人家庭损失最大（财富的定义是家庭总资产减去总负债，如果结果是正的，这个家庭就拥有财富，反之，这个家庭就不拥有财富）。

该报告继续指出，越来越多的研究表明，健康的资产负债表不仅影响收入水平，而且对家庭稳定至关重要（Boshara，2013）。因此，明智地利用收入来增强生活中的金融稳定性和全面财务健康是很重要的。这是许多非裔美国人做得不够好的领域。许多人将收入用于消费，而没有用于储蓄。事实上，许多人从退休储蓄账户中提取资金来支付子女上大学的费用或维持生计。这种提款行为会导致未来财富的损失。虽然大量的非裔家庭确实利用收入的一部分进行了投资，但是这些投资大部分是保守的，例如存单、储蓄账户和债券。这些投资对于创造财富或增加净资产作用有限。而白人拥有更加多样化的投资，比如股票和债券，这为财富创造和财务健康提供了更多的机会。

2015年2月，密苏里州圣路易斯联邦储蓄银行家庭稳定中心发表了一篇题为“财富人口统计（Demographic of Wealth）”的论文。这篇文章是对美联储委员会1989年至2013年间消费者金融调查收集的数据进行分析后得出的结论。这篇文章对美国家庭财富水平、财务管理方式、种族和民族因素进行分析，并指出种族和民族因素与金融行为和结果密切相关。例如，一项关键发现是四个种族（白人、亚裔、拉丁裔和非裔美国人）的家庭财富中值排名在1989年至2013年间没有变化。排名第一的是白人家庭，之后依次是亚裔家庭、拉丁裔家庭和非裔家庭。拉丁裔家庭和非裔家庭的平均财富水平比白人家庭低90%左右，而拉丁裔家庭和非裔家庭的平均收入水平仅比白人家庭低40%（Boshara，2015）。

这些关于非裔美国人财富和金融安全的统计数字令人震惊，促使我们制订了一项针对非裔美国人的金融教育倡议。该倡议的目标是通过金融教育，改变人们获取和利用金融资源的金融行为、思维方式及其相关后果。统计数据显示，金融知识水平较低的个人和家庭比一般人面临更大的财务管理不善风险。

美国金融教育与职业发展协会提倡的方法是在非裔美国人的成年早期开展金融教育。具体来说，就是将金融教育注入传统黑人院校。在这些教育机构就读的学生更有可能是第一代大学生，他们来自未曾教导或讨论个人理财管理概念的家庭。此外，这些教育机构位于人均金融知识水平最低或较低的州。金融素养指数（Financial Literacy Index）由金融素养中心编制，数据来自2009年全美金融能力研究。这是美国金融业监管局投资者教育基金会的一个项目，用于展示各州人口的金融素养水平（如图7-1所示）。

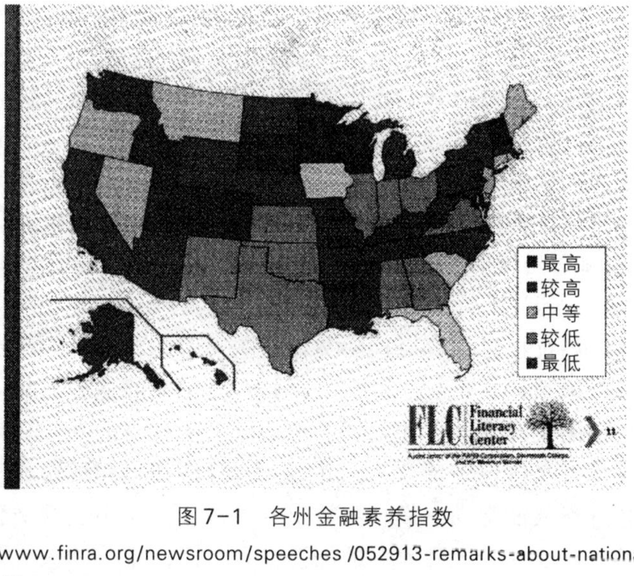

图7-1　各州金融素养指数

注：摘自http：//www.finra.org/newsroom/speeches /052913-remarks-about-national-financial-capability-study，2015年4月15日。

美国金融教育与职业发展协会的倡议正在一些州的传统黑人院校实施，同时也面向其他州的非裔学生。该倡议包括一系列金融知识研讨会和学习班，名为“关心你的金钱技能（Mind Over Money Skills）”，在美国各地70所传统黑人院校实施。这些研讨会和学习班让年轻人接触到个人理财基本知识、策略和工具，这些内容可能在别处学不到或很晚才能学到。本系列课程的主旨是指导学生运用金融资源来确保个人理财的可持续性并创造财富。

我们预计，这些学生将与家人和朋友分享他们所获得的金融知识，进而提升社区整体的金融素养。多年来，在参加金融素养培训后，学生们在金融行为上有所改善，并开始与家人和朋友分享信息。我们收到了来自学生、教育工作者和接受金融培训的社区团体的积极反馈，今后会陆续将他们的建议应用到我们的培训中。在每次培训结束后发给学生的评估表中都有这样一个问题：“你会将今天学到的金融知识与家人和朋友分享吗？”图7-2展示的是我们在2013—2014学年培训课程上收集的反馈，绝大多数（90%）参加者表示会与家人和朋友分享他们所学到的金融知识，这体现出该倡议对增进非裔美国人财务健康的影响。

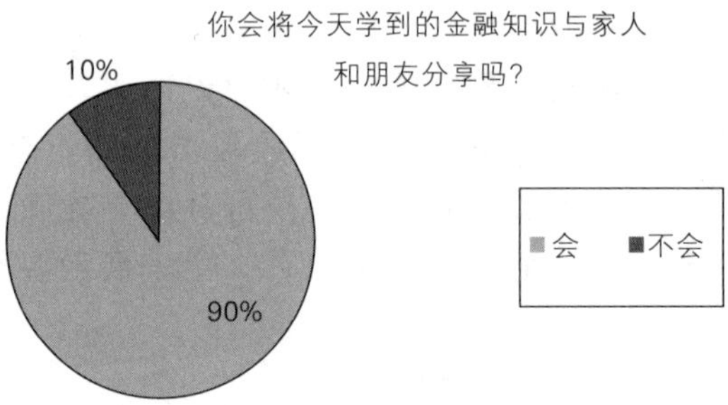

图7-2　绝大多数（90%）参加者表示会与家人和朋友分享所学到的金融知识

消费倾向通常是由个人经历和文化决定的。在一个随意消费、没有具体经济目标的家庭中长大的人，他们成年后也会这样做。事实上，这种消费模式可能会代代相传。有数据显示，非裔美国人在文化上倾向于将收入的更大一部分花在消费产品上，而比其他人群更少去储蓄和投资。他们还面临着一些社会挑战，这些挑战也耗尽了他们的金融资源。这些因素会影响金融决策或资源使用方式，从而影响个人和家庭的金融与经济福祉。

我们的金融教育倡议也旨在解决这一文化问题，因为这对个人消费、储蓄和投资决策行为以及家庭资产增长存在影响。事实上，非裔美国人的这种文化主要是一种短期的人生观，而不是长期的世界观，因此限制了他们对未来投资的看法。该倡议的最终目标是帮助非裔美国人实现经济保障和繁荣，并对整体经济产生积极影响。换句话说，我们希望我们的金融教育倡议能帮助人们在其特定的人群或文化中克服文化多样性带来的挑战，这样他们就可以享受在个人和家庭的经济福利方面更繁荣的人生。为落实倡议而制定的课程标准如下：

（1）确认与金融和经济学知识培训相关的团体文化；

（2）识别可用资源，并确定某一特定群体是否意识到可以利用这些资源来改善金融状况；

（3）该群体是否愿意寻求帮助以增进其金融和经济福祉。

之所以列出这些标准，是因为金融教育必须与培训所针对的特定文化保持一致。这些规定对于提高金融素养倡议的有效性和改善金融决策是重要的。最后，我们确实认为非裔美国人的价值观可能与更广泛的社会经济价值观有所不同。但是，通过获取新的金融知识、信息和策略，这些价值观是可以被改变的。

美国金融教育与职业发展协会的倡议还包括对个人价值观的识别和理解。个人价值观会影响个人理财决策。如果一个人看重拥有住房，那么他会限制支出并进行储蓄以购买住房；如果一个人重视教育，那么他会把钱花在教育方面；如果一个人攀比心强，那么他就会消费得多、储蓄得少，很可能过的是租客生活而不是房主生活。

该倡议强调了图7-3所示的核心金融价值观。务实的金融价值观有助于构建一种发展、安全和满足的生活。此外，金融价值观能够使个人从财务困境和包括失业在内的暂时混乱中恢复过来。事实上，核心金融价值观强调了金融自我控制、延迟满足、拒绝冲动消费。这些核心价值观中的每一个都能带来金融稳定，减少金融压力和焦虑。

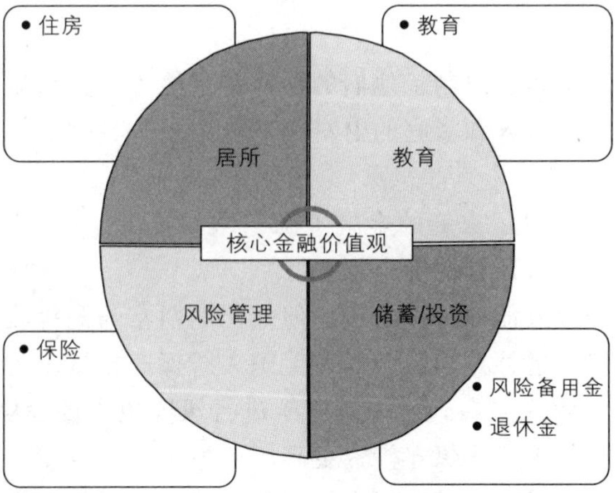

图7-3　核心金融价值观

在过去的50年里，美国所有群体的平均财富都在增长。然而，各个群体的增长速度并非均等。图7-4显示了2007年、2010年、2013年美国三个种族人群的财富中位数。

财富增长速度不均有几个原因。对于财富差距的原因，许多人会不假思索地认为是收入差距造成的。事实未必如此，因为有些人收入高但财富仍然有限。这是由于信贷管理不善致使住房拥有率偏低，而无节制的支出也导致其没有足够的积蓄来把握投资机会。事实上，只有44%的非裔美国人拥有住房，而住房是许多美国人的财富基础。这种情况的发生在很大程度上是由于预算编制、财富目标设置、现金流管理、储蓄、投资、信贷和债务管理、风险管理、保险等个人理财知识欠缺。

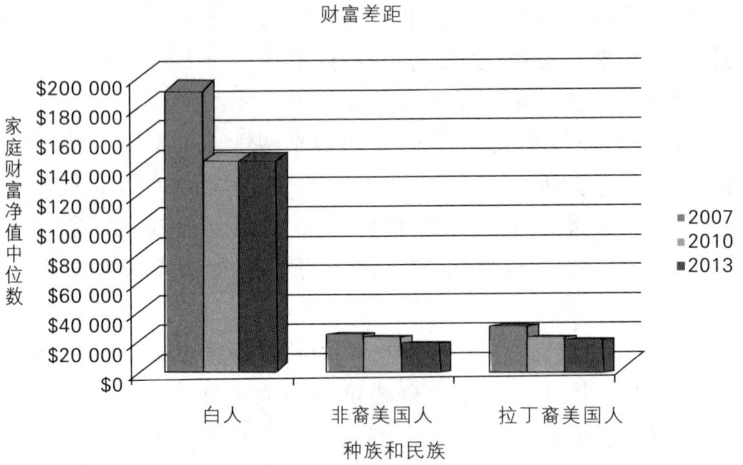

图7-4　2007年、2010年、2013年美国不同种族的财富中位数

注：摘自Pew Research Center，http：//www.pewresearch.org/fact-tank/2014/12/12/racial-wealth-gaps-great-recession/，2015年4月15日。

非裔美国人的债务负担也限制了他们的财富创造能力。大量累积的助学贷款和对掠夺性贷款的使用等限制了个人和家庭的财富创造能力。与其他群体相比，非裔家庭拥有助学贷款的比例最高。

高额贷款及其成本耗尽了家庭的金融资源，从而减少了用于购房首付、应急基金、储蓄、投资和参与企业退休计划的资金累积。

收入较高的非裔美国人债务负担不重，但他们的财富与同等收入的白人相比还是较低，这种情况屡见不鲜。这种差异源于非裔美国人对保守投资工具（如存单和储蓄）的青睐，相比之下，同等收入的白人群体倾向于进行风险更高的投资，比如股票和债券。长期来看，这些投资的回报率比保守投资更高。

这些现象的产生都是因为金融知识水平有限。因此，我们的项目重点是为非裔学生提供面对面的金融教育。这种培训方式使我们有机会直接发现非裔美国人社区的金融问题及其担忧，并就如何解决这些问题、最大限度地利用金融资源、避免滥用现有金融资源、探讨消费者保护问题等提供指导。

金融教育研讨会及学习班旨在：

- 开展贴近学生们日常生活的金融教育；
- 为学生们创造新的经验和金融机会；

• 提供金融知识，以避免学生们犯错，以致影响其大学生涯和毕业后的人生；

• 让金融概念更通俗易懂；

• 分类提供“必须知道”与“最好知道”的金融知识。

金融教育计划向家里第一个上大学的学生介绍个人理财和经济学领域的重要知识，以及他们在日常生活中可以使用到的金融策略和技巧。我们的方法包含以下要素：

• 实际应用。我们的研讨会和学习班不是理论性的，我们关注的是成年生活中会遇到的与切身利益相关的问题。

• 目标受众。我们的研讨会主要面向年轻的非裔美国成年人，这使我们能够影响特定人群的金融决策文化。我们对最新文献和统计资料进行研究，以使非裔美国人能通过学习班养成更好的个人理财习惯。

• 互动、生动的形式。例如，学生们大声朗读几张信用卡的条款。然后，我们让各小组决定他们选择哪张卡片以及选择的理由。这样的练习可以吸引受众，展示其对所呈现信息的理解，并鼓励理性决策。

• 技术过硬的讲师。课程的主持人都是在职的专业人员，他们拥有金融、投资等相关领域的硕士及以上学位和相应证书。

每个研讨会和学习班都选择一个特定的个人理财主题，并与受众的文化背景息息相关。我们的目标是让学生在消费、储蓄、投资、风险管理和信用使用等方面做出明智的决定。我们最受欢迎的课程是：

• 为新生设计的信贷管理课程。新生需要了解与建立信用有关的责任，掌握如何对支出做出明智的决定，跟踪信用卡、助学贷款和信用评分等方面的最新信息。更重要的是，课程会传达给学生这样一种理念，即当前的信用决定会对未来的就业和财富积累产生影响。

• 针对即将进入劳动力市场的高年级学生的个人资金管理课程。2小时的课程重点介绍如何利用在大学期间学到的知识来促进个人财富增长，主题涵盖学生在未来几个月将面临的问题（预算、储蓄、投资、保险），以及他们在未来几年必须规划的问题（购置房产、制订退休计划和遗产计划）。

大学生参与者表示，他们在参加这个内容丰富、充满能量的学习班后的很多年里还会依赖从这里学到的知识。这些学习班在校园内举办，旨在无缝地融入每所学校的课程或课外活动计划。每期学习班都是在学年中举办的，通常在教室或报告厅举办。我们提供所有的教学资料，包括讲义。此外，我们还提供答疑和一对一解决学生问题的咨询服务。

7.2 金融教育的经验

在执行倡议的过程中，我们发现很多人的金融决策是基于情感而不是理性的金融知识。我们经常说，金融决策不应该建立在情感、机遇或运气的基础上。每个金融决策都必须基于可靠的信息，包括对所购买项目或服务的财务成本或机会成本的综合计算。我们经常告诉受教育者要不带情绪地“做计算”，这意味着需要在购买前确定商品或商业交易的真实成本，确保你的钱得到有效利用。

7.3 倡议的成果和经验

几乎每天，美国金融教育与职业发展协会都会收到参加过培训课程人员的个人反馈，这些反馈都认为我们的倡议非常有效，描述金融教育学习班是如何改变他们生活的。例如，美国金融教育与职业发展协会最近接到一个年轻人的电话，他在大学期间参加了我们组织的学习班，他告诉我们，他去年从公司401（k）计划的投资中赚取了4万美元。一位上了年纪的母亲于1993年在佐治亚州亚特兰大某教堂参加了一期学习班，去年她在同一教堂认出了美国金融教育与职业发展协会的工作人员并表示感谢，感谢我们改变了她的家庭生活。

此外，我们还收到了参加学习班的学生和教授们的来信。通过教给学生们基本金融原则，我们成功地帮助他们做出了更好的金融选择。泽维尔大学的一位教授说：“在经济困难时期，像这样的讲授对我们的学生来说更加重要。他们需要意识到资金管理的问题，这样他们才能在学生生涯和职业生涯中做出正确的决定。”学生们的反馈让我们知道，我们正在贴近大学生，并为他们提供所需的金融知识，帮助他们规划自己的未来。霍华德大学牙科学院的一名学生总结得很好：“在成长过程中，我从来都不是一个善于用钱的人。上牙科学校的那天，我的世界发生了变化。在倾听Daniels先生的报告之前，我对金融一无所知。现在，当我对适当的理财有大致了解后，我已经准备好迎接这个世界了！多亏了Daniels先生，我现在想的是长远计划！”鲍伊州立大学的一名本科生告诉我们，她参加的学习班是“充满信息量和参与感的……我相信所有的大学生都需要金融培训，我知道我现在需要开始为未来做财务规划！”

7.4 评估措施

每次课程结束后，作为对培训课程的反馈，学生们都要完成一项调查。我们对反馈的信息进行分析，以评估每个学习班的有效性。下列分析数据表明项目是有效的。

- 当参加个人资金管理学习班的学生被问道“我们提供的信息是否将帮助你更好地管理自己的金融状况”，96%的参与者回答“是”。
- 当参加信用管理学习班的学生被问道“我们提供的信息是否能帮助你更好地管理自己的信用”，95%的参与者回答“是”。
- 基于高年级学生提交的学生评价表，99%的参与者表示他们将在未来进行投资。

此外，我们的项目在教育方面的贡献也得到了国家层面的认可。美国金融教育与职业发展协会在2009年非常荣幸地获得享有盛誉的联邦存款保险公司金融教育领域卓越和创新主席奖。美国财政部还向我们颁发了一份认可证书，证明我们的金融教育学习班符合美国财政部金融教育办公室确定的有效金融教育项目的标准。

7.5 金融教育的未来趋势

金融教育的未来趋势是以研究为基础并以多种形式呈现的，如金融游戏、在线课程、面对面辅导、结对辅导和小组讨论等。更多的工具有待开发，如金融应用、向导程序、社交媒体应用和公共服务公告，以帮助个人做出合理的金融决策。开发的产品应注重个人理财管理理念、技术和策略的实际应用。非营利组织在金融教育中的作用非常重要，因为这些组织能够向个人和团体提供客观的金融教育。在大多数情况下，如果受众觉得所提供的金融教育与产品或服务的营销行为无关，他们会更容易接受金融教育所传递的信息。非营利组织在青年金融教育中面对的挑战是获得用以发展、实施和维持其项目的资金支持。

7.6 金融教育的短板

金融教育的短板在小学、中学和高等教育中均有所体现。由于金融教育并不是公共核心教育（Common Core Education）要求的一部分，因此，旨在向学生提供重要金融知识和技能的项目学时几乎没有。

美国金融教育与职业发展协会坚信，在全美范围内建立基础金融教育的时机应该从学校早期阶段开始，与学习阅读、写作和数学等基础知识同步。例如，阅读课可能包括金融术语和情景，可以增强学生对个人理财或经济学原理的认知。即使教育系统没有开设强制性的独立个人理财课程，这也可能是有效的。此外，培训教师是金融教育中必须弥补的另一项空白。通常情况下，大多数教师不准备教授个人理财和经济学，或者对这门学科的掌握程度有限。这些教师在攻读教育学学士学位时可能没有接触过金融课程，这使得他们很难开展金融教育。因此，应将个人理财纳入学士学位课程以解决这一问题，或者对现有教师提供包括参与激励在内的特殊金融教育培训。

由于当今大学生面临着较大的经济压力和高昂的教育成本，许多高等院校越来越意识到为学生提供金融教育的必要性，但大多数院校还是只把精力放在现有的教学领域内。但是，一些领先的院校已开设个人理财课程，并将其作为全校选修课。在高等教育阶段提供金融教育有助于学校提高学生毕业率，并对大学生产生持久的积极影响。这也是为什么高等院校实施金融教育能够获得公众支持和关注的原因。在高等教育阶段提供金融教育也是一个好时机，正是所谓的“可教学时刻（teachable moments）”，可以结合相关目标开展教育，比如信用卡和学生管理、预算、银行业务、汽车购置、手机使用、退休计划等重要的个人理财项目。

金融是每个人生活的重要组成部分。因此，掌握金融知识、了解个人理财概念的实际应用是非常重要的。理解并使用这些金融概念和策略的个人，在管理、拓展和保护长期金融资源方面能够做得更好。这就是为什么我们要对大学生进行金融培训。美国金融教育与职业发展协会认为，尽可能多地接触处于成长期的年轻人，帮助他们走上经济独立和稳定的道路，是至关重要的。持续推进美国金融教育与职业发展协会金融教育倡议，可以使一代又一代的年轻人在金融稳定和财富增长的情况下拥有更成功的人生。

参考文献

Boshara,R.,and Emmons,W.(2013).After the Fall:Rebuilding Family Balance Sheets,Rebuilding the Economy.Federal Reserve Bank of St.Louis.Retrieved from https://www.stlouisfed.org/~/media/Files/PDFs/DWTF/After-the-Fall-5-23-13.pdf.

Boshara,R.,Emmons,W.R.,and Noeth,B.J.(2015).American Incomes:Demographics of Wealth.Federal Reserve Bank of St.Louis.Retrieved from https://www.stlouisfed.org/~/media/Files/PDFs/HFS/essays/HFS-Essay-1-2015-Race-Ethnicity-and-Wealth.pdf.

Ryan,B.,Osaki,Y.,Burhouse,S.,Chapman,D.,Critchfield,T.,Goodstein,R.,Samolyk,K.,Harris,A.,Reynolds,L.,Gregorie,L.,Bachman,M.,Gill,P.,Glenwick,M.,Grazal,J.,Johnson,P.,Spanburg,D.,Villar,J.,and Zeidler,K.(2009).FDIC'S National Survey of Unbanked and Underbanked Housebolds.Federal Deposit Insurance Corporation.Retrieved from https://www.fdic.gov/householdsurvey/2009/executive_summary.pdf.

Schmeiser,M.D.,Buchholz,D.E.,Brown,A.M.,Gross,M.B.,Larrimore,J.H.,Merry,E.A.,and Thomas,L.M.(2013).Report on the Economic Well-Being of U.S.Households in 2013.Federal Reserve Board.Retrieved from http://www.federalreserve.gov/econresdata/2014-economic-well-being-of-us-households-in-2013-preface.htm.

第8章 哈里斯堡科技大学的金融素养教育：一项案例研究

JAY LIEBOWITZ

金融教育应该是个人教育的重要组成部分，特别是在高中、大学乃至毕业以后。哈里斯堡科技大学（Harrisburg University of Science and Technology，HU）的学生攻读的是科学、技术、工程和数学（STEM）等专业，这里的很多本科生都是其家庭中第一个上大学的人。得益于宾夕法尼亚州中部知名开发商Alex DiSanto先生的捐赠，2014年8月起，哈里斯堡科技大学开始将工作重点放在面向本校学生、哈里斯堡高中学生和当地社区提供金融教育和其他商业教育上。为完成这项使命，我们设立了The DiSanto Chair。

本章将重点介绍我们在哈里斯堡科技大学及周边地区开展金融教育的方法，希望能为其他同类机构提供参考。

8.1 面向哈里斯堡科技大学学生

由于本校学生都是STEM学科专业，所以我们希望在大学生活一开始就对这些学生开展金融教育。HigherOne和Everfi发布的年度报告《大学校园金钱事项》（Money Matters on College Campus）显示，在一个人成长期教育阶段（如高中、大学）引入金融教育和提升大学生、青年人的金融责任感（如按时偿还助学贷款）之间显著相关。因此，哈里斯堡科技大学将金融教育贯穿于整个四年的本科教育。在大一，我们向学生介绍国家金融教育基金会的“现金课程”，这是一个帮助学生在线学习个人理财的课程（cashcourse.org）。在大二，我们通过通识教育课程（如组织思维）帮助学生学习更深入的金融概念。其中，我们引入了复利、预算技巧，以及如何创建短期、中期和长期的个人理财计划，还涉及个人退休账户（Individual Retirement Accounts，IRAs）、多种创业融资方案以及其他金融知识和微观经济学概念。在大三和大四，学生被要求通过必修课和研讨会学习其他金融概念，内容涵盖各类主题，以帮助学生在职业生涯中取得成功。我们还邀请了一些嘉宾来为学生上课，例如撰写了《失踪的一学期》（The Missing Semester）的投资银行家Gene Natali、宾夕法尼亚州银行与证券局投资者教育助理调研员Doug Hassenbein等。

为了帮助学生在课堂上获得正规金融教育，The DiSanto Chair开展金融教育系列讲座，每个月都邀请校外专家举办主题各异的金融知识讲座。该系列讲座免费面向所有人，包括当地社区居民和高中生。2014年秋季首届系列讲座重点关注宏观金融知识，我们邀请了来自HigherOne、纳斯达克（NASDAQ）和美国金融业监管局（FINRA）的高级管理人员，讲述他们针对经济、市场、比特币、内幕交易、大学启蒙金融教育项目等相关话题的观点。2015年春季系列讲座上，我们从微观视角出发，举办了一系列圆桌论坛和讲座，内容包括银行监管（银行行长）、财务欺诈和会计技术（宾夕法尼亚州执法与调查局审计司司长）、高科技企业创业建议（DC Founder's Institute），详见http：//www.harrisburgu.edu/academics/financialliteracyspeakerseries.php。

我们通常将这些活动安排在哈里斯堡科技大学礼堂，可容纳130人的礼堂常常座无虚席。同时，我们进行网络直播并对视频档案进行保存，以便活动结束后回顾。

我们也邀请哈里斯堡科技大学的学生们参加许多与金融素养相关的竞赛。例如，在匹兹堡注册金融分析师协会（Chartered Financial Analyst，CFA）举办的金融计划竞赛中，哈里斯堡科技大学的学生们将其个人理财计划作为竞赛内容的一部分。在120多份参赛作品中，一名来自哈里斯堡科技大学的学生所提交的个人理财计划入选了参赛作品的前十名。同时，研究显示一对一辅导似乎是金融教育方面比较成功的方法，因此，我们引入了一对一辅导竞赛以探索最合适的教育模式。包括培训学生导师等在内的最佳教育模式一定会被探索出来，我们希望能够与学生导师及学员一起在哈里斯堡科技大学开展相关实践。

8.2　面向哈里斯堡高中生

因为相关文献指出在中学引入金融教育意义重大，所以我们希望与哈里斯堡学区的学生建立联系，帮助他们提高金融素养。首先，我们拜访了这些学校的董事会，并向他们介绍了一项面向哈里斯堡学区7～12年级学生的名为“金融知识对我意味着什么（What Does Financial Literacy Mean to Me）”的竞赛。我们邀请学生提交相关主题内容的视频（最长2分钟）、短文、诗歌或短篇小说。我们从21名参赛者中选出了3名优胜者并给予了现金奖励（第一名奖励500美元，第二名奖励250美元，第三名奖励125美元）。所有参与者都收到了感谢证书。第一名优胜者的参赛作品可以在https：//www.youtube.com/watch?v=3kVPMkCGars&feature=youtu.be上查看。

我们还将探索并深化与哈里斯堡当地个人理财知识入门联盟以及男孩女孩俱乐部（Boys & Girls Club）的联系与合作，以进一步将金融教育融入他们的项目。

8.3　面向哈里斯堡当地社区居民

哈里斯堡科技大学希望将金融教育机会扩展到当地社区，覆盖企业、家长、教师、政府官员等群体。The DiSanto Chair金融教育系列讲座对所有人免费公开。我们还在哈里斯堡科技大学举办了分析应用峰会（Analytics Applications Summit），这是一个为期一天的免费活动，吸引了众多的首席分析官及其他重要人员，他们就各种主题进行讨论，例如财务分析、社交媒体分析、医疗保健分析、大数据分析、市场营销分析等与金融教育相关的各类分析。要想了解更多信息，请访问以下链接：http：//www.harrisburgu.edu/academics/undergrad/analytics/analyticssummit.php。

该峰会大约有120人参加，他们大多数来自该地区的各个组织，部分来自哈里斯堡科技大学。我们还扩大了当地社区金融教育的辐射范围，例如在当地福克斯电视台附属机构设立金融教育栏目（参见http：//fox43.com/2014/12/16/teaching-financial-literacy）。

8.4 哈里斯堡科技大学金融研究项目

我们在哈里斯堡科技大学开展了“面向大学生的虚拟运动仿真类三维投资游戏（A Virtusphere Approach to 3-D Game for Investing for College Students）”研究项目。该项目的主要研究目标包括：

- 通过三维（3D）虚拟现实技术让学生身临其境体验投资环境，包括走进交易大厅进行投资活动等，以推动院校成功开展金融素养教育。
- 补充和扩展当前的金融教育，比如通过邀请嘉宾开展The DiSanto Chair金融教育系列讲座来培养学生的金融能力，促进其积累金融资产。

目标受众主要是哈里斯堡科技大学的学生和当地高中生，当然我们也欢迎当地社区居民前来体验以虚拟运动仿真（Virtusphere）方式学习投资。我们的计划是与Charles Palmer教授领导的哈里斯堡科技大学高级娱乐与学习技术中心（Center for Advanced Entertainment and Learning Technologies）合作，邀请该中心的教师和学生参与应用程序的开发。

哈里斯堡科技大学注重迎合大学生群体的需要，特别是为数不多的热衷于科学技术的群体。他们需要接受更好的金融市场和投资教育，以便为以后的创业和个人理财做好准备。为此，我们将开发一个基于虚拟运动仿真技术的“投资游戏”项目，为学生提供沉浸式体验环境，让他们在这个环境中近乎真实地感受交易场所。

我们是全球仅有的四所拥有虚拟运动仿真技术的大学之一。通过使用虚拟运动仿真技术，我们可以创新地学习理论与实践，为学习者提供一个将学习带入生活的虚拟现实场景。我们的同事可以设计并编写虚拟运动仿真交互模拟，使用最新的游戏引擎软件，创建任何所需的三维环境模型。

Palmer教授介绍说，虚拟运动仿真设备是一个高10英尺、空心的ABS塑料球。用户进入这个球，佩戴外接设备（包括无线头戴式视频眼镜）以进行信息交互。在虚拟运动仿真设备中，用户可以安全地穿越三维虚拟世界，传感器会监测你的步伐、速度和方向。使用者在头戴式显示器上看到的图像显示了沿途的景象，并通过一个轻塑料控制器发送信号。其他人可以在虚拟运动仿真设备外的监视器上看到这些场景，并记录下来作为将来的培训和评估工具。

这个为期12个月的项目的成果有基于虚拟运动仿真设备开发的投资游戏、最终报告和陈述。

我们可以在项目开展前后对哈里斯堡科技大学的学生进行评估，以衡量他们从虚拟运动仿真类投资游戏中获得的金融知识。我们还会帮助他们分别制定为期1年、3年和5年的金融计划，并通过调查和后续访谈，比较其毕业前后的预算制定水平。该研究项目的经费目前正在筹集中。

此外，我们还游说宾夕法尼亚州联邦政府将个人理财课程设为高中必修课。截至2015年2月，美国只有17个州明确提出了这项要求。尽管宾夕法尼亚州等已将4月设为“金融教育月”，但联邦政府还应该采取相应措施鼓励将金融纳入高中课程。近年来，宾夕法尼亚州已经开展相关立法工作，但遗憾的是，该法案至今尚未通过。哈里斯堡科技大学诞生过两位副总统，他们都对宾夕法尼亚州州长Corbett的管理有很大的影响力。通过这层关系，我们希望该事项能取得一些进展。

8.5 哈里斯堡科技大学等在开展金融教育过程中面临的挑战和机遇

我们经常听到，金融素养教育的一些关键问题包括教师培训、相关预算、教材整合和企业雇主。在中学和高等教育机构，经济学、商学、管理学或相关领域的教师通常会被要求在学校教授金融知识。然而，许多教师可能需要接受再培训和再教育，学习如何将金融教育融入课程中。相关联的另一项挑战是如何在课程中更好地整合金融教育。例如，在哈里斯堡科技大学，我们将金融教育整合进微观经济学或“成功”系列课，覆盖所有四年制本科生。我们还设法将这些教育内容进一步整合进其他主要课程，包括信息系统、生物技术、企业创业和通识教育等。最后一项挑战是如何让雇主向那些对金融知识感兴趣的人提供工作和实习机会。企业雇主是金融教育生态系统不可或缺的一部分。

为了解决这些问题，我们探索了不同的方法。首先，发挥大学学生金融助学办公室（Student Financial Aid Office）的主要作用，帮助学生了解金融知识和还贷义务，作为对课堂教育的一种补充。其次，开展导师项目，包括一对一金融教育指导和“学生—雇主/导师”结对指导等，让企业雇主在其中发挥更大的作用，帮助学生利用学习到的金融知识更好地融入社会。再次，鼓励各州立法，将金融教育课程作为高中毕业的必要条件并在州预算中分配适当的资源（包括金钱和劳动力），以帮助实现这一目标。最后，与学生的家庭建立联系，让他们参与到金融教育中来，鼓励学生将所学到的金融知识运用到家庭和工作中。

8.6 总结

阿勒格尼学院、匹兹堡大学和俄亥俄州立大学等院校已经要求或强烈鼓励学生学习个人理财和基础金融知识。在哈里斯堡科技大学，我们正在使用整合的方法，在大学四年引入金融素养教育。同时，我们也尝试通过系列讲座、研讨会、竞赛等活动，提升学生们的参与度。

我们的金融教育工作刚刚起步，还有很长的路要走。目前，已经有学生告诉我们，我们在这方面开阔了他们的视野。在不久的将来，我们可以开展更加成熟的分析与评估，通过长期研究来衡量金融教育的作用。我们相信这项活动终将取得成功，并将对学生及其未来成长过程中的金融安全和金融责任产生积极影响。

第9章 不应只为了生存，要活得灿烂

PATRICIA W. COLLINS

9.1 背景

萨姆休斯敦州立大学（Sam Houston State University，SHSU）是得克萨斯州东部一所小型的地区性州立大学，学生人数超过1.9万人。该校的许多学生利用联邦助学贷款支付大学开支。在被学生们问到他们何时能拿到自己的助学补助之类的问题时，学生校园一卡通管理办公室（Bearkat OneCard office）主管注意到学生们似乎并不太了解助学补助或银行的业务流程。一项定性调查显示，学生们认为，他们接受的教育中应当包含金融素养的部分内容。一些受访学生证实了这一需求，并表示他们愿意付费接受金融教育服务。通过与学生服务、学术事务和招生管理部门的协调，并得到得克萨斯州立大学系统的支持后，萨姆休斯敦州立大学学生金钱管理中心（SHSU Student Money Management Center，SMMC）在2008年10月正式运营并向本校学生开放。该中心旨在向萨姆休斯敦州立大学的学生提供公平的教育和必要的工具来帮助他们实现财务独立。

9.2 金融教育普及和规划

SMMC通过提供在线学习模块、播客、研讨会、课堂演示、一对一专业结对辅导等形式向学生普及金融教育。课程涉及的主题包括但不限于以下内容：预算管理、信贷类型、信用评分和信用报告、个人净值、债务收入比、身份信息保护和网络安全、储蓄和投资、退休金计划、保险、设定财务目标、自主创业、首次置业及金融补助等。

9.3 教职工培训

为确保这些主题内容能够被准确传达，每位专业咨询师都必须通过金融咨询和规划教育协会（Association for Financial Counseling and Planning Education，AFCPE）或金融教育学院的认证。结对辅导员同样需要通过金融教育学院的认证并接受专业人员提供的培训项目。

9.4 外部协作

协作是中心的基石并且对SMMC的成功运营至关重要。SMMC是得克萨斯州最早成立的三个大学金钱管理中心之一。得克萨斯理工大学、北得克萨斯大学和SMMC一直共享研究成果和项目做法。毫无疑问，这种协作带来很好的效益。为了进一步加强这种外部协作，SMMC已经开展了一系列与得克萨斯州的其他大学以及全美其他大学的研究和项目交流。2013年，SMMC承办了由得克萨斯州的大学金融教育专业人员协会创办的会议。该协会每年举办一次专题研讨会，以便让大学专业人员及时了解与个人理财管理有关的法规、资源和项目等方面的变化情况。

9.5 内部协作

内部协作将SMMC课程紧密地融入学生学术和服务教育。内部协作加强了金融教育在校园的存在感并形成了一个推荐网络。下面将详细介绍一些内部协作的具体内容，以展示SMMC向各部门和学生提供的各类服务。也正是这些服务，真正体现出该中心的存在价值。

9.5.1 内部协作——教育学院

教育学院已经获得教育部的TRIO计划联合体（TRIO Project CONNECT）资助。金融教育是获取拨款的必要条件之一，因此，SMMC与教育学院合作，利用该项资金为学生提供预算和规划技能培训，并鼓励他们留在大学完成学业。与此同时，SMMC还与教育学院合作，向数学专业教师提供《得克萨斯州必备知识和技能》（Texas Essential Knowledge and Skills）中要求的基本金融技能培训。得克萨斯州最近规定，在数学K-12课程中必须加入预算、储蓄、信贷和大学开支方式等内容。SMMC已经开发了一个3小时的课程以及前测和后测，用以证明学生接受过金融教育培训。另外，教育学院和刑事司法学院邀请SMMC走进课堂，向大三、大四学生讲授联邦贷款偿付项目，如“收入驱动还款计划（Income Driven Repayment Plans）”和“公共服务贷款减免（Public Service Loan Forgiveness）”等。最近，SMMC还拍摄了视频并发布在其电子公告栏和研究生院网站上。视频介绍了研究生院学费补助的各种方法，如研究生助学金、奖学金、助教补贴和公共服务贷款减免等。

9.5.2 内部协作——学生咨询和辅导中心

在2010—2011学年，学生咨询和辅导中心试行了SH Elite项目。该项目的主要目标是降低学生的辍学率，并提升有色人种学生的毕业率。该项目非常成功。最初，项目只面向新生。随着时间的推移，项目不断发展。高年级学生在该项目中充当辅导员，同时，学生咨询和辅导中心也想为这些高年级学生提供服务。SMMC致力于开发面向高年级学生的额外金融教育项目，让他们不至于重复参加之前参加过的项目。SMMC为新生开设“金融援助101”课程，为大二学生开设如何设定个人目标并进行财务规划的课程，为大三学生开设如何置业的课程，为大四学生开设如何投资的课程。通过这些课程，SMMC与学生建立私人联系，进一步开展个人一对一指导，帮助学生通过申请奖学金以及高效开展研究项目获得额外收入。此外，这些学生中的许多人已经设定目标，以减少大学求学期间的助学贷款额。一些学生明确将借贷目标控制在仅使用Title IV补贴贷款上。

9.5.3 内部协作——学生食品室（Student Food Pantry）

SMMC推出了免费食品日历以帮助学生了解减少个人开支的途径，也解决了学生群体的食品保障问题。这些日历的复印件被张贴在校园各处的公告牌、办公室以及学生食品室。一名学生食品室委员会成员向SMMC寻求合作，希望将休斯敦食品银行引入萨姆休斯敦州立大学校园。SMMC举办了一场名为“喂饱咆哮（Feed the Growl）”的营销活动，并与校园代表和“食品银行”的工作人员合作解决后勤问题。当天有300多人到场参与活动，其中34名学生完成了食品券的申请。

9.5.4 内部协作——第一年经验

第一年经验活动冠军们与新生结对参加校内新生研讨会及各种活动。金融素养作为主题之一由SMMC讲授。此外，SMMC还提供多个主题可供教授们讲授。最受欢迎的是助学贷款、财务规划基本知识以及富裕生活的12个小贴士。课程由Kat2Kat培训讲师或工作人员讲授。

9.5.5 内部协作——美术和大众传媒学院

美术和大众传媒学院与SMMC在各个层面上开展了合作。大众传媒专业的学生经常采访SMMC人员并制作广播和电视节目。此外，学生还被分派去为SMMC研讨会拍照、撰写新闻稿或评论文章。该学院的学生通过在SMMC活动中担任主持人或摄影师也可获得额外学分。

9.5.6 内部协作——工商管理学院

SMMC正在与工商管理学院（College of Business Administration，COBA）开展一项新的合作。SMMC将此项尝试称为“训练培训师（Train the Trainer）”。工商管理学院的学生将这个项目称为“成功计划（Plan for $uccess）”。Alpha Kappa Psi的专业顾问和学生以及全美非裔会计师协会已同意参加旨在为当地“联合之路（United Way）”机构的客户提供财务规划研讨和咨询服务的社区服务项目。该项目将在即将到来的秋季学期实施。SMMC将开发课程，培训学生以便让他们能更好地在财务规划研讨会上发言，并向其提供个人咨询服务。这个项目不仅可以为萨姆休斯敦州立大学的学生和当地社区居民提供金融培训，还可以为学生创造机会，使他们能进一步拓展知识，增强公共演讲技能，获得个人理财主题的培训经历。

9.5.7 内部协作——护理学院

通过采访未来可能就读护理专业的学生，SMMC发现这些学生存在失去助学补助资格的风险。很多时候，学生被建议重修课程以提高他们的平均成绩（GPA），但这也降低了联邦援助条款第四条所要求的学生课程完成率。此外，许多学生从其他专业或其他学校转入该校护理专业，其中部分学生已经接近最大学时数的限制。SMMC会见了护理专业的指导教师并告知存在上述问题。SMMC较早地发现了这些问题，并且向学生介绍了其他的收入来源。同时，SMMC承担了为护理学院学生设立奖学金的任务，并在每年接受学生护理协会（Student Nurse Association）的邀请开展金融教育讲座时提醒学生申请奖学金。

9.5.8 内部协作——学生金融援助和奖学金事务办公室

SMMC深度了解联邦和州金融援助政策的相关知识。这是该中心需要重点掌握的一项技能。大学生金融辅导员必须对相关知识了然于胸，才能处理各种环境下的特殊问题。寄养学生的学费减免、退伍军人福利、残疾津贴和奖学金搜索引擎等特殊条款只有在被充分认知后，才能在特定情况下得以应用。SMMC人员必须不断接受培训，及时更新各类金融援助措施方面的信息。

在萨姆休斯敦州立大学，SMMC与金融援助办公室开展了密切的合作。SMMC与金融援助办公室一同参加学生听证会。SMMC还为申请额外金融援助的学生提供财务规划服务。同时，金融援助办公室的工作人员也会定期把可能难以偿还补助或对补助资金使用不当的学生带到SMMC。如果SMMC认为某些学生具备了领取某些补助的资格，SMMC也会把这些学生带到金融援助办公室。

9.6 金融教育周

2009年，SMMC启动了一项为期一周的固定活动——金融教育周。学生金融援助和奖学金事务办公室、健康咨询中心、职业服务中心、退伍军人资源中心、学生法律和调解服务中心、学生领导力发展组织等内部合作方受邀发言，内容包括金融援助101、爱与金钱、健康餐饮、工作邀约和待遇分析、法律和个人财产、玩转每一分钱、节约开支指南等。外部合作伙伴被邀请参与下列讨论：优惠券达人、筹集旅费、保险、身份信息安全、投资等。根据研讨会的出席情况，各学生组织被授予不同奖励。此外，学生还有机会赢得个人奖学金。每年有近1 000名学生参加这个活动。

9.7 项目是建立了，但学生们会来吗

SMMC精心设计了内容充实的课程，也建立了校内外合作网络。2011年，SMMC被金融咨询和规划教育协会评为“年度杰出金融咨询中心”。针对学生讲授者和辅导员的问卷调查表明，学生们正在不断学习金融知识。调查还显示，项目的组织和执行力度很强，受访者未来还会使用SMMC的服务。但是，参与由SMMC赞助的研讨会和个人辅导项目的学生人数仍然不多并且没有增加的趋势。

9.8 个性化的教学项目有效提升主动参与意愿

2013年，SMMC实施了个性化更强的学生课程项目。在大学新生入学时就向其灌输SMMC文化被认为是一项重要的任务。SMMC所提供的服务能否满足大学生们的不同需求是该中心成败的关键所在。SMMC不希望我们的毕业生今后只能靠一笔笔薪水勉强生活，而是希望他们能活出灿烂的人生！对新生欢迎周的宣传和策划便旨在传达这一重要信息。可以说，新生欢迎周就是SMMC学员取得成功的起点。在新生欢迎周的第一天，SMMC委派一名全职工作人员参加家长冰激凌迎新会；同时，SMMC委派至少一名全职

工作人员和两名辅导员参加“发放通行证（Passport to Sam）”活动，这是一个类似嘉年华的活动，旨在向家长和学生们介绍学校向学生提供的服务和各类学生组织。第二天，一名专职工作人员在分组会议上简要介绍SMMC所提供的各项服务，并与家长和学生们探讨财务规划和节约开支的措施。家长和学生们现场咨询个人财务规划问题。此外，SMMC还帮助学生们办理助学贷款。在这个夏天，参加新生欢迎周分组会议和指导会的人数增加了。名称的变化也使金融咨询更有亲和力：我们把咨询改称指导，把咨询师改称辅导员。

9.9 研讨会主题的相关度与及时性

SMMC在选择2013年秋季研讨会的主题时主要考虑的是与学生的关联性和及时性。第一场使学生（及州立大学工作人员）产生共鸣的研讨会主题是毕业后助学贷款的偿还。我们通过电子邮件向大三和大四学生发送了邀请函，并列出了有可能减免助学贷款的一些途径。成本控制措施包括避免延迟毕业罚金，申请按时毕业的州补贴，收入驱动还款计划，参与公共服务贷款减免、教师贷款减免、帕金森贷款减免以及与退伍军人相关的政策。学生们索取了讲座文稿的复印件，用于帮助自己处理贷款和补贴事宜。他们不仅自己参与了个人辅导项目，还推荐朋友参与其中。SMMC还与萨姆休斯敦州立大学人力资源部门的人员合作，向新入职的大学教职员工提供有关公共服务贷款减免的信息。由此，越来越多的人向SMMC寻求帮助，参与个人辅导项目。2013—2014学年的个人咨询事项比上年增长了88%。

9.10 审视并完善研讨会的有效性

研讨会的出席率较上一个学年并没有增加，因此，需要对研讨会予以重新审视并决定是否取消。评估表明，研讨会不仅是一种指导方式，而且应该是SMMC校园宣传策略的核心。因此，我们精心策划了针对性强的行动方案，用以进一步完善研讨会。经研究决定，研讨会的时间应该设在傍晚，这样会有更多的学生参加。因此，我们把研讨会的时间改到周三晚上6点，并提供免费披萨，先到先得。此外，我们还根据每个学生参加研讨会的出席率设立了新的奖学金计划。上述改变的成效在金融教育周活动中得到充分体现。其中一种激励方式是，在学期结束时向至少参加过3期研讨会的学生们提供两份400美元的奖学金。SMMC设计了一份Excel表格，用以列示研讨会前后开展相关宣传活动的预计时间，多媒体宣传渠道包括以SMMC的朋友们为宣传对象的电子邮件、传单、照片、剪贴簿、网站、社交媒体、数字广告牌、学生报纸、活动布置和校园公关。

9.11 在新生入学时告知其更多信息

从2013年3月起便开始为2014—2015学年要举办的研讨会进行规划。在主要工作规划好后，便可以在新生入学时制作并分发宣传材料。许多新生参加了秋季的第一次课程。这节课因为是与“欢迎周”第一天课程相结合的，所以备受关注。此外，课程设置上也比较贴合新生的需求：“现在靠你自己了，怎么样？（So You’re on Your Own; Now

What?）”。此外，在2014—2015学年研讨会日程表上，SMMC还在5月安排了一场名为“廉价婚礼（Weddings on a Dime）”的研讨会。只有当研讨会有用时，学生们才会参加，因此，研讨会主题应该具有及时性且与学生们的金融目标相关。此外，他们通过享用免费比萨减少了支出，还可能获得与出席率挂钩的奖学金从而增加了收入。研讨会出席率增加了44%以上。

9.12 相关活动的被推荐度和学生参与度提升

研讨会的成功举办带动了相关活动被推荐度的提升，同时有更多的教授、学生组织和学生个人要求参加个人辅导项目。虽然该中心以向学生宣传为主，但也会根据教职员工和校友的要求为他们开展辅导（向这些人员提供服务也是一种宣传形式，因为他们会进一步向学生推荐）。在过去的一年里，在2名SMMC全职员工和3名辅导员的努力下，该中心共开展了29次研讨会、67次讲座、584次学生辅导课以及51次就业及外联活动。

9.13 最常见的辅导主题

财务规划和目标设定是个人辅导中最常见的主题。SMMC引导学生们认清大学生并不富裕的现实，并且让他们认识到大学期间减少开支非常重要。这样一来，他们就不会借入不必要的款项，从而避免在毕业时承担大额净负债。学生们理解基于百分比的财务规划。他们还理解关于目标设定的下列内容：（1）在毕业后的两年半内存下10%的工资，相当于存下3个月的工资；（2）如果在23岁毕业后，每年存下10%的工资，那么到35岁时存下的资金净值将超过一年的工资。当学生学会制订财务规划并设定目标后，他们对其他金融教育主题的兴趣也会增加。例如，他们会要求参加后续的研讨会，内容涉及如何储蓄、投资以及买房置业等。

助学贷款是个人辅导中另一个热门主题。学生们在这方面可能有不同的目标：（1）想知道增加或减少贷款额的方式；（2）针对偿还助学贷款进行财务规划的方法。在许多情况下，个人辅导表明，学生如果增加其他收入来源或减少债务，就可能不需要额外的贷款。

9.14 辅导中的惊人发现

一些学生表示虽然申请了联邦援助，但并不知道必须偿还联邦助学贷款。多名学生表示，他们知道自己使用了金融援助来支付学费，但不知道所申请的是助学贷款。学生不记得申请贷款的贷前辅导。一些学生表示，可能是他们的父母已经帮忙申请了免费的联邦学生援助，同时也帮忙申请了助学贷款。

9.15 结论

SMMC的成功之路是基于深谋远虑、精心策划的。协作、宣传、提高质量、合理规划等都是其中的关键因素。但是，个人理财教育项目中最重要的是学生个人。学生们的金融目标和优先事项各有不同。首先，教职员工和辅导员必须主动倾听学生们的金融需求和忧虑，如食物保障或偿还助学贷款的能力。然后，团队必须主动研究问题以及可能的解决方案，并设计相应的项目和方法来就这些主题向学生们提供教育。

大学毕业生不应该仅仅为一笔笔薪水活着，他们应该活出灿烂的人生！我们应该教他们如何积累财富而不是债务，应该教他们如何拓展收入来源和减少开支。这些素养可以帮助学生们拥有正的财富净值，并帮助他们实现自己的财务目标。

第10章　大学金融教育：来自俄亥俄州立大学的范例

BRYAN ASHTON

金融教育日益成为全美国的热门话题，关于高等教育如何培养学生使其在毕业后能妥善处理相关金融问题的探讨更是从未中止。鉴于学生毕业所需助学贷款额增加、助学贷款违约率增长、学生金融知识水平偏低（Trombitas，2012），以及社会对提高学生上大学的投入回报率的压力越来越大等现象的存在，要求学校更好地培养学生使其能妥善处理金融问题的呼声越来越高。此外，人们越来越普遍地认为，个人在需要做出是否上大学这种重大金融决策时，缺乏足够的信息来据以做出正确决策，难以准确判断这一决策的长期影响。因此，需要提升学生群体金融知识水平的观点越来越取得学校领导们的一致认同（Trombitas，2012）。

随着这一事态的不断发展，大学金融知识普及项目已经采取了许多方法，试图接触学生，并为学生群体设计干预措施。这些措施包括通过网络媒介传播信息、开展讲座和研讨会、进行一对一辅导、开设选修课等。正如在K-12阶段大量的学生只能通过一节课接受金融教育一样，很多高等院校也往往只利用一两节课让学生了解金融知识。在课时有限的情况下，非持续性的参与会严重弱化教学效果。

尽管存在上述挑战，但社会对于培养学生实用技能的呼吁将会持续推动学校金融教育的创新与发展。这些形式新颖、多种多样的项目预计会促使助学贷款额下降、违约率降低以及项目参与者金融知识水平提高。随着这些项目的发展，在各类人群中开展金融教育的工作者都将面临同样的困扰：指标不明确、缺乏循证实践以及问题颇多的学习者群体。

10.1　金融教育项目在校园何处开展

金融素养教育项目在各所大学的校园里不断开展，目前已经形成多种模式。具体采用何种模式，往往取决于项目是由校园内的哪个部门进行管理的。随着时间的推移，这些课程已经被纳入大学教育，因此也产生了如何提升学生选课率以及课程是否能够有效地对学生进行教育等问题。虽然这些课程有各自的行政办公室，但各个部门应当协作，建立一个真正的集全校力量的体系来提供金融教育。此外，尽管目前的课程分别由学术部门、金融援助部门、服务中心和学生事务办公室等开设，但不应把这些课程视作各个部门的私有部分，而应视作组织整体的一个服务节点，这样才能建立起全社区性质的学生辅导模式。

金融教育课程起源于学术课程。历史上，金融教育课程归属于科学消费课程，或者更具体地说，是金融规划认证课程，即帮助个人成为金融规划师的金融学术教育课程。这些课程为将金融资源融入校园（有时是更广泛的社区）创造了很好的机会，同时也为各部门开设的课程提供了更多的推广机会。此类课程有时还包括教师组织、学生参与的金融研讨会，但逐渐演变为实训，即学生们把从课堂上学到的知识转化为实践，由此催生了在得克萨斯理工大学、密苏里大学、堪萨斯州立大学和俄亥俄州立大学等诞生的首批一对一金融辅导或咨询项目。这些课程给学生提供了很好的学习实践机会，为学生开展集体金融教育和一对一金融教育。因为教师都非常精通相关领域，所以这些课程也得到了大力支持。然而，这些项目面临的最大挑战是学术场所与校园社区的割裂，特别是在学生事务及招生管理方面。

近年来，这些课程更多地在学生帮扶方面有所发展，而远离了核心课程和学术课程(也有正在开发的混合模式)。这是由于学校更愿意将金融教育作为增值服务，而且仅有几所学校开设金融规划认证教育课程。这些学生活动类课程从开设至今主要是由大学校园的学生资助管理办公室推动的。从表面上看，这似乎有道理，因为关于大学生金融状况的头条新闻主要关注学生助学贷款债务和学生助学贷款违约，这两个指标似乎都与学生资助管理办公室的工作内容非常接近。学生资助管理办公室为这些课程提供了一个非常好的环境，因为显然他们可以通过这些课程的开设来了解学生借贷行为模式及与学生贷款债务相关的趋势，并且最重要的是，他们有机会调整工作重点，以更好地提供教育和改善学生的金融状况。然而，这些由办公室推动的课程也面临着一些挑战。其中最值得注意的是无法提供全面的金融教育，因为在课程设置上金融教育尚未广泛地融入校园社区，即学生事务和学术事务。由于缺乏与学生的互动和联系，发展一对一项目也面临着挑战。同时，缺少全职的（且有资格的）员工也是项目管理方面的难题。

最近的趋势——也是俄亥俄州的方式——是由学生事务办公室负责运作一个课程项目。虽然这看起来与传统方式不同，但其有助于理解学生的补助和经济压力在学生的成功及其可持续性方面所发挥的重要作用。这种理解能够让人们意识到，学生们的金融生活与其他生活领域存在重要的关联。以俄亥俄州为例，我们将金融纳入评定身心健康的九个维度之一。这种将金融视为学生整体经历的一部分的观点，促使金融教育创新被纳入学生事务部门（以及健康和福利部门）的关注重点。此外，学生事务部门还有接触学生的内在优势，拥有可以在不同时间段触达学生的渠道。不过，由学生事务部门主导的方式也面临着挑战，比如缺乏与招生服务部门的合作。这方面的整合不仅能够保障金融知识普及教育的整体性，而且有助于解决学生当前面临的一些更大的挑战，尤其是学生贷款债务和现金流管理。

综观各种管理模式，没有一种方式是完美的。需要注意的是，这是一个因校而异的选择，往往取决于校园气氛以及其他影响资源分配的相关因素。唯一不变的是，在这些项目的推进过程中，在将全校视为一个整体的前提下设立跨部门团队（有时被称为咨询委员会或工作组），可以在拓展合作伙伴、以社区为基础帮扶学生等方面迈出一大步。

10.2 金融教育项目的发展

鉴于项目由不同的管理部门主导，各个学校向学生提供金融教育项目的方式也不尽相同。现有研究建议，理想的金融教育项目应包含在线资源、集体研讨会和一对一辅导（Goetz et al.，2011）。下面列举了七种金融教育方式，很多学校会综合采用多种方式以取得最好的教学效果（请注意，这七种方式并非全部，只是一些目前较常见的方式）。

（1）在线模式。在线模式日益成为高校应对金融知识普及教育挑战的主要措施。虽然其有效性尚无定论，但这提供了一个很好的接触学生以及评定学生短期学习进程的机会。这些在线学习模块正在被纳入高校开学前的准备内容之一，也被作为全美许多高校的大学一年级研讨课程之一，这可以让学校将金融知识普及到大量的学生。

（2）讲座和研讨会。讲座和研讨会应用于金融教育领域已有很长一段时间，而且长期以来，它们一直是大学金融教育的最佳方式。这些课程时间通常为1～2小时（或更长），通过一对多的方法面向一群学生。讲座是扩大金融教育项目覆盖面的一个有效途径，但对于促进金融知识持续增长作用有限。目前，越来越明显的趋势是通过研讨会提供即时教育，这有助于让教学内容更具有及时性且与作为信息接收者的学生们紧密关联。

（3）一对一辅导。一对一辅导是指针对每位学生特定的金融状况为其提供指导。这种教育方式越来越受到重视，因为它提供了安全的空间，让学生更愿意探讨大庭广众下不好开口的问题，并能根据学生的知识水平和处境开展特定教育。在许多校园，一对一辅导都是通过提供志愿服务或仅收取少量费用的学生辅导员开展的，这种方式更易于扩大服务覆盖面。此外，辅导员模式提供了舒适的环境，让学生能够更自在地阐述个人情况，因为他们相互间更加熟悉、彼此信任，并且学生也更愿意接受辅导员提出的应对方案。

（4）静态网站资源。静态网站资源越来越多地应用于全美各地的金融援助网站。这些资源包含了围绕各种金融主题的建议和链接。虽然这些资源可能会经常更新，但是与学生的联系还是局限在有限的页面信息上。

（5）即时教育（Just-in-Time Education）。作为解决金融知识信息相关性问题和处理信息过量问题的方法，即时教育在这一领域正在日益受到重视。高等教育机构有很多机会在销售（或决策）的时间点上为学生提供教育，以指导学生做出选择，并使其了解这些选择将对未来产生的影响。机构有机会进一步审视商业实践，从而深度整合即时教育。即时教育对象包括接受紧急援助的学生、有拖欠付款风险的学生以及有大量需求无法满足的学生等。

（6）课程提供。课程大多历时一个学期。在这些课程上，教师将为感兴趣的学生提供有关个人理财的深入讲解。虽然难以强制要求学生参与课程，但旨在提高学生知识水平以及通过实践提高学生知识运用能力等的课程覆盖面越来越广。这些课程可能成本较高，因为需要许多师资力量的参与，但线上课程等一些新形态课程有可能改变传统的教室形式，增加课程参与的人数。重要的一点是，我们应尽可能让这种新形态课程也能被算作学生日常教育的学分。

（7）商业实践的变化。

印第安纳大学开始改变各项助学措施，这使得大学商业实践发生调整，即在学生关注自身金融状况时向其提供金融学习机会。这种具有发展前景的实践符合公共健康环境对金融能力构建方面的要求。学生可能在选择助学方案、提交年末财务报告甚至网上订餐时接受金融教育。这些变化对学校来说往往成本较低，却可以帮助学生养成良好的金融习惯。

众多类型的金融教育项目面临的挑战之一是没有一套明确统一的指标来度量成效。很多时候，无论是处于项目早期阶段的学校还是处于项目后期阶段的学校，都会纠结于如何确定项目成效的度量标准。这些标准可能包括降低学生贷款余额、限制学生贷款违约率、提升学生金融知识水平、向陷入财务危机的学生提供援助等。

这些度量标准存在很多变数，难以评估正在提供的教学措施是否有效。同时，这些学校有必要客观地看待各项教学措施的生命周期以及教学信息对学生所产生影响的持续时间。这些挑战通常在项目创建的早期阶段就困扰着高级管理人员，而制订明确的计划有助于解决这些问题。

重要的是，当我们希望发展这个领域时，我们要看看哪些度量指标是可以实现的(在干预期间)，以及如何基于短期结果更好地判断项目成败。此外，我们还需要考虑如何持续采取干预措施来向学生不间断地提供金融教育，而不是一次性干预。大学越来越关注学生的整个校园生活周期，确定提供干预措施的时间点，支持学生对其金融状况进行微调，同时识别可能面临风险的学生。

10.3 教学措施只有经过实证检验，才能达到效果

大学金融教育面临的另一大挑战是对学生财务健康状况的干预措施是否有效缺乏实证检验，这也是金融教育在高等教育领域的发展亟待解决的一个问题。这一问题在多个领域日益显现，在高等教育领域也越来越突出。此外，还有一些挑战需要面对。

首先，如前所述，在大学里，人们对于学习成果与教学措施之间的联系还未达成共识。我们知道，在总体毕业时间缩短的趋势下，要求学生完成一门完整的个人理财课程学习是不切实际的，这也意味着教学时间会发生显著变化。鉴于与学生接触的时间减少，同时又要满足支撑学生整个人生的知识需求，我们需要找到效果最佳的教育实践方式。

其次，大多数金融教育项目配备的相关人员的教学水平相对较低。我们很少有时间评估项目教学措施并进行实证检验。理论界和实务界的人士需要聚在一起详细审阅我们正在开展的工作，评估服务的影响效果。理想情况下，应该有额外的资金来支持这些评估工作。

有效化解这两个绝非难以克服的挑战，从长期来看将有助于推动大学管理部门增加与金融知识普及服务相关的资源。资源增加将有助于为学生提供更多的服务，也有助于增加分配给金融教学的时间。

10.4 我们在俄亥俄州立大学的工作

俄亥俄州立大学的金融教育理念早已存在且持续发展，我们期待更好地为校园社区服务。该项目始于2001年，初衷是在全州范围内推动大学生合理使用信贷产品。最初的金融知识普及工作包括一系列的讲座及与专业人员进行一对一面谈，目的是培养健康的信贷习惯（请注意，这是在大学校园信贷产品营销禁令发布之前采取的举措）。在21世纪初，这项工作范围不断扩大，当时的学生事务办公室（现在的学生生活办公室）将财务健康写入学生健康中心的战略计划中，从而将财务健康作为衡量维度之一正式纳入大学健康模型。这也适时地反映了理念上的转变，体现出金融是学生人生经历的一部分，应全面开展金融教育实践。

2006年，学生事务办公室与教育和人类生态学院（College of Education and Human Ecology）建立合作伙伴关系，启动了一个名为“斯嘉丽及格雷金融（Scarlet and Gray Financial）”的一对一金融咨询项目。学生健康中心对6名学生开展了金融规划方面的学术培训，让他们为大量学生开展讲座和一对一金融辅导。

2012年，我们和费希尔商学院（Fisher College of Business）开展合作，培训了更多的教员，以便向学生提供金融指导，从而进一步扩大我们的服务范围。目前，我们的金融教育教员团队拥有超过40名俄亥俄州立大学学生志愿者，每年向俄亥俄州立大学学生提供150多场讲座以及1 400多次一对一辅导。

我们推广的项目旨在提供有针对性的教学措施，以满足学生在俄亥俄州立大学期间不同时点的各项需求。该项目与大学课程类型一样，包括一对一辅导、公开讲座以及在线资源（Goetz et al.，2011），以学生乐于接受的形式传授知识，从而有效扩大受惠的学生范围。此外，学校还有两个部门为希望获得整学期个人理财课程的学生开设选修课。这些选修课可以进一步加深学生对自身金融状况、相关金融话题和可利用资源的了解程度。

一对一辅导是我们服务于学生以及帮助他们管理财务的主要方式。这些辅导时长1小时，由一名受过培训的志愿者辅导员主持。一对一辅导有助于学生明确目标，了解自身金融状况，并制订行动计划来有效管理其在大学求学期间及未来生活中的个人财务。我们正在持续评估这些工作，而相关成果也表明，这些工作能够帮助学生更好地了解自己的财务状况，减少谈及财务状况时的耻辱感。综上所述，我们认为一对一辅导对于学生与辅导员加强联系大有益处，因为在这样的交流中，学生们会敞开心扉寻求帮助和谈论自己的财务状况。我们通过多种渠道向学生提供一对一辅导：

（1）我们向参加二年级转型体验项目（Second Year Transformational Experience Program）的学生提供一对一辅导。二年级转型体验项目是供二年级学生选修的一项多元化学习生活和课程体验。作为项目的一部分，学生需要完成两部分财务健康教育（首先是在线课程学习，然后是面对面辅导）。我们认为，这为帮助学生了解金融决策创造了一个非常合适的机会，包括帮助他们掌控目前和未来的信贷水平，帮助他们改变其在就读俄亥俄州立大学期间可能想要改变的行为。

（2）一对一辅导的另一类学生群体是自己有意愿寻求帮助或由各种校园合作组织推荐过来的学生。这些学生可能更主动地去了解自己的财务状况，或者也可能因为遇到某些财务困难而向我们的团队寻求帮助。我们非常依赖通过校园合作组织和宣讲活动来提升关注度，以便把这类群体带入我们的课程。

（3）那些正遭遇财务困难的学生也被强制要求参加我们的紧急贷款项目。一个强制性面谈辅导是申请紧急贷款流程的一部分。这种被动措施旨在了解学生申请紧急贷款的原因，以防止学生进一步陷入财务困境，与此同时，帮助他们改善行为习惯，以避免未来再次陷入同样的困境。

第二类教学措施是我们在校园各处举办的讲座和研讨会。这些活动通常持续1小时，有针对性地面向班级、学生组织和其他校园机构。举办这些讲座并不是为了在增长知识、改变态度或行为上取得多大成果，而是旨在提高俄亥俄州立大学学生在金融观念、知识缺陷和金融资源等方面的意识。另外，这些讲座所涉及的主题通常是当前热点，这意味着讲座内容与听众的现实经历密切相关。讲座主题包括搬出校园、偿还助学贷款、了解员工福利待遇等。

最后一类教学措施是我们提供的一系列在线学习模块，包括两个第三方软件平台、在线计算器和一门iTunes U课程。学生可以根据需要获得信息，同时，这可以帮助我们在网络这个学生真正的天地（他们几乎全天都在网络上）里接触他们。如果可能，我们还会尝试将网络教学措施和后续当面交流（如二年级转型体验项目）结合起来。

由于工作地点设在学生健康中心，因此我们真正采取了一个公共健康的方法来帮助学生实现财务健康。我们是通过融入教学环境来做到这一点的，教学环境本身就有助于创建一整套全校性教学措施，包括让全校工作人员加入金融话题的讨论并协助提供即时金融教育。我们正在成为协调各个部门工作的牵头机构，对此，我们的财务健康咨询委员会（由超过32个来自不同办公室的校园伙伴组织组成）给予了大力支持。我们在俄亥俄州立大学开展工作所依赖的是真正的团队合作，这让我们能够覆盖到整个大学校园。

10.5 全美国的情况

全美国各项金融教育项目的发展为我们提供了一个很好的机会，帮助各大高等教育机构掀起高校财务健康活动的热潮。可惜的是，这些项目在管理上较为分散，目前缺少集中发力点将这些涉足金融知识普及的专业组织联合起来。我们在俄亥俄州立大学广泛听取了全美国同行的意见，并联合印第安纳大学的同行，共同举办全美高校财务健康峰会，以便把该领域的同行聚集起来，分享优秀的校园工作实践经验并相互借鉴。

该峰会源自2013年春季在俄亥俄州立大学举办的全州高校财务健康峰会。2013年峰会的模式则是参照更早的一项在俄亥俄州开展的活动，当时该活动旨在加强州内高校金融教育的实践经验交流。这项活动逐步发展成为第一届全美高校财务健康峰会，于2014年夏季在俄亥俄州哥伦布市俄亥俄州立大学举办，来自100多所机构、34个州的160多名金融教育实践者出席了第一次峰会。之所以决定举办峰会，是因为我们发现，关于学生财务健康项目的讨论越来越多，但缺少一个平台来分享最佳实践案例、增进同行交流，以及让人们了解新兴趋势和问题。

由于财务健康问题涉及许多部门和单位，因此，各专业组织的工作常常存在分歧，我们希望峰会能提供一个跨学科的交流机会，打通不同专业领域，分享优秀实践经验，增进人际关系，从而加强各领域间的合作。

此外，我们正尝试建立一个常年性论坛来开展大学财务健康领域的积极思想交流。建立清单式服务有助于为跨学科对话提供机会。所有这些努力都是为了消除该领域许多人可能有的孤立感。根据已经收到的反馈意见，包括全美国各地不断增加的项目数量以及大家对实践经验交流的需求，我们希望将来能够继续为校园金融教育积累相关资源。

10.6　下一步要做什么

鉴于高等教育中金融教育发展程度相对较低，未来几年该领域的发展空间巨大。

（1）目前该领域内的工作者需要继续聚在一起分享最佳实践案例，并致力于在术语使用和度量标准上取得一致。我们正面对的许多重大挑战都与此相关，包括寻求管理部门更大的支持力度、扩大校园教学项目等。需要指出的是，这些问题似乎是范围更广的金融教育的问题，不应仅限于高等教育范围内。

（2）我们需要继续评估目前正在实施的教学措施，以判断哪些措施可能会取得成功。在这个过程中，我们可能需要反复试错，更重要的是要有耐心，允许不断试错。我们有必要更加有目的性地将学术界与实务界联合起来，共同推动这项工作，并围绕我们的校园教学工作建立研究中心。

（3）大学生，尤其是当代大学生，是强化型即时金融教育的主要目标。由于他们获得的信息不断增多，因此，提供及时更新的金融信息可以帮助他们做出正确的决策。我们更希望的是，可以提供一些工具，让人们在购买时能接收到这一信息，从而成为更明智的消费者。

（4）如果能与K-12金融教育项目有效衔接，从而为学生创造具有延续性的金融教育，那将十分有益。目前在K-12阶段推行的金融教育工作组织得力、从容有序，应当持续做出这种努力（并得到高等教育界的支持）。进一步讲，这两个领域必须通力配合，以保证教育的连续性，同时，也让学生准备好在面对一项非常重大的金融决策（一般是金额超过10万美元的决策）时，能够在自己的能力范围内做出最好的应对。

（5）我们仍然致力于让金融教育在整个校园教育中占一席之地，让学校生活能够助推学生金融知识增长。这也要求整个校园社区把关心学生财务健康视为工作的一部分，并竭力支持这项工作。

尽管存在很多挑战，但目前大学财务健康领域充满活力和能量。很多机构正在做出重要承诺来帮助解决各种各样的问题，同时在全国各地，还有一大群人在各机构推动这些工作。由于我们提供了一个便于各方交流和分享观点的开放平台，因此我们希望我们可以开始着手应对一些在大学中阻碍学生金融教育项目发展的重大挑战。

参考文献

Goetz,J.,Cude,B.J.,Neilsen,R.B.,Chatteriee,S.,and Mimura,Y.(2011).College-based personal finance education：Student interest in three delivery methods.*Journal of Financial Counseling and Planning*,22(1),27–42.

Trombitas,K.(2012).College students are put to the test：The attitudes,behaviors,and knowledge levels of financial education.Retrieved from Inceptia website：https://www.inceptia.org/about/resources/college-students-are-put-to-the-test/.

第3篇　继续教育关注的金融素养教育

第11章　工作场所金融教育

ERIC R. HECKMAN

人力资源部门代表告诉我："因为我们有很多受教育程度很高的员工，所以请跳过基础课程，直接上高级课程。"我当时在教高级班，当讲到罗斯个人退休账户（Roth Individual Retirement Accounts，IRAs）的内容时，学生们提出了什么是罗斯个人退休账户或什么是罗斯401k项目等问题。那时是2010年，距罗斯个人退休账户的推出已经过去十年，距该公司增设罗斯401k项目作为退休金缴纳选项之一已有两年时间。听众里的确有数学博士和多位计算机科学硕士，但是，在这些学位课程中有多少涉及个人理财的内容呢？我猜，根本没有。在我从事个人理财教育领域工作的23年中，我发现，是否受过大学教育与个人是否了解资产配置、投资或者金融产品知识并无关联。事实上，通常对这些领域有更多了解的人，要么是出于个人兴趣，要么是通过学习相关专业课程，才具备了相关知识。我就读的是一所著名的私立天主教学校——圣克拉拉大学，并获得了金融学专业商科学士学位。但是，我需要必修几门有关投资或个人理财的课程呢？一门都不需要。这一情况现在可能有所改变，但在我就读大学的时候，只有个人理财方面的选修课，根本没有必修课。在学习经济学时，我们会接触到一些个人理财决策，但也只有这些了。大部分课程都是关于公司财务的。事实上，直到进入金融服务行业之前，我唯一接受过的金融教育就是在高中了解的一些支票账户和财务记账知识。在今天这个养老金紧缺的社会中，员工只能依靠自己来做未来金融安排，然而，他们却没有接受过金融方面的培训。

20世纪八九十年代开始实行401k养老金账户时，大多数公司员工都不了解这个新鲜事物。那时，大多数401k提供方会主动进行现场宣传，并与公司员工们讨论退休计划、投资选择。事实上，正是这种手把手辅导，401k才流行开来。而到今天，少数几家401k公司掌握了大多数大公司的账户。在我居住的硅谷地区，富达公司（Fidelity）是最大的401k公司且遥遥领先于其他公司。像大多数大型金融公司一样，富达公司专注于提供网站内容、800电话，仅在个别地方有现场办公场所。实际上，这些401k公司很少向被服务的公司提供手把手辅导或课堂式讲解。它们即使提供此类课程，也仅仅聚焦于401k账户而不涉及其他金融话题。

以前，员工福利只是公司提供的一份健康保险计划和养老金。今天，特别是高科技公司，提供多种健康保险选择、健康储蓄账户（HSA）或灵活支出账户（FSA）、亲属看护、教育补助、法律指导、员工股票购买计划（ESPP）、限制性股票（RSU）、股票期权、401k以及罗斯401k，甚至可能还有更多选项。几乎所有这些选项都对税收有不同程度的影响，并且都会影响个人的金融计划。人力资源部门的重点工作是向员工提供相关信息，如每种选项具体是什么、何时需要做出决策以及如何登记注册等。所有这一切都关乎策略。因此，员工们也会提一些问题，例如“什么时候用FSA比用HSA更好？”“RSU或ESPP对税收有什么影响？”“应该什么时候出售公司股票？”“这些福利应如何与配偶的选择以及工作之外的投资进行搭配？”等。

美国劳工部（Department of Labor，DOL）第404c条法案规定了雇主和退休计划受托人的责任和角色，而雇员教育的内容没有被真正定义，但在美国劳工部员工福利保险管理局（EBSA）出版的《履行您的受托责任》（Meeting Your Fiduciary Responsibilities）中有一些这方面的阐述。在提示（Tips）部分，该书指出：“如果是让员工个人做投资决策，那么，您是否提供了关于备选方案和投资的必要信息，以帮助个人在管理账户时做出理性决策。您是否提供了足够的信息使他们可以充分掌控投资决策？”[①]

该手册还讨论了这样一个事实，即雇主可以聘请第三方来教育员工，或让第三方提供有关金融事项的一般信息。如果您作为雇主，决定不聘请第三方，那么就必须对员工进行金融方面的教育，该工作通常由人力资源部门或培训部门负责。实际上，很多公司仅依靠401k公司来进行这种教育，而且通常只是通过一个网站或一些视频来开展的。人力资源部门若承担这一任务，就必须考虑清楚用什么方式提供教育。他们可能需要开设课程，那么问题来了，他们自身要接受什么程度的金融教育后才能去教授别人？事实上，他们承担着自己没有相关认证或执业资格就提供财务咨询或税务咨询的风险。这应是公司的责任，而公司却把这一重担放到了人力资源部门员工的身上。为了避免这种情况的发生，当人力资源部门负责开展金融教育时，他们往往只能谈一些书面内容，如“这是方案、福利和产品特点的细节内容”等。这类讨论并没有真正回答员工的问题，如“这与我的情况有什么关联？”“为什么我应该这样做？”等。

公司如何向外部寻求帮助以开展金融教育，从而避免让人力资源部门员工亲自上阵呢？很多股票经纪人、保险代理人和其他财务顾问会很乐意站在一群并不熟悉金融的员工面前，向他们兜售自己的产品。但这也带来了一些问题，比如这些人的动机是让员工们花钱购买他们兜售的金融产品，这些投资建议可能会降低公司的福利。因此，这样的建议可能无法体现员工的最佳利益，而法律上也没有这方面的强制要求。财务顾问应当遵守适当性规则。这意味着，他们提供的建议在年龄、期限和目标方面必须符合客户的情况，但这不一定要体现员工的最佳利益。任何注册备案的经纪商和代理商都要符合这一规定。目前有一种变化趋势是，这一标准正在调整，但还未上升到法律层面。因此，如果一个人是注册投资顾问，那么他必须履行受托责任，出具符合客户最佳利益的意

---

① http：//www.dol.gov/ebsa/pdf/meetingyourfiduciaryresponsibilities.pdf. Meeting Your Fiduciary Responsibilities Brochure, Feb 2012, U.S. Department of Labor EBSA.

见。如果您身处人力资源部门并希望由第三方来向员工提供金融教育内容，那么就要确保他们是注册投资顾问（他们通常被称为投资顾问代表）。另一种教育外包选择是引进一家专门为员工提供金融课程的公司。有几家公司提供这样的服务，并向雇主收取费用。也有一些非营利组织提供免费服务，比如我本人创办的金融知识研究所（Financial Knowledge Institute，FKI）。

我过去对大多数客户缺乏金融知识感到沮丧，并想要为此做点事情，于是就创立了金融知识研究所。我喜欢教人们解决金融问题，并且想要回馈社区。我设计的课程涵盖了个人理财的方方面面，不仅像是与注册投资顾问的对话，而且类似于与房地产经纪人、抵押贷款经纪人、律师的沟通以及在纳税申报前与注册会计师（CPA）的交流。我认为这些知识非常重要，但现在很少以非营销的形式出现在人们面前。随着社交媒体广告、电子邮件、电视、广播和互联网金融广告的轮番轰炸，我们会逐渐无视这些知识，也不再关注我们应当了解的有价值的信息。每隔一段时间，成人社区教育中心可能会开设投资课程，经常由佣金经纪人而不是注册投资顾问来授课。另一个学习金融问题的较大障碍就是我们自己。

我们大多数人往往忽视自己必须做的事情而专注于有趣的事情。你是应该考虑自己如果在20年内退休需要挣够多少钱，还是应该花时间考虑暑假最好去哪里玩呢？可惜，Edward Jones的一项关于学习金融决策花费时间的研究显示，人们花在考虑度假的时间占比是28%，而考虑退休的时间占比是25%。在35岁以下人群中，考虑退休所占的时间比例更是下降到9%[①]。具有讽刺意味的是，人们在退休前宁愿计划他们当前的假期而不愿意去想更好的退休生活意味着日后能有更多的假期。所以，难点在于如何促使人们花时间优先考虑他们未来的财务状况。这就是为什么我认为在工作场所开展员工金融教育非常有用。

我们每天都收到大量的电子邮件。尽管可以把课程简便地安排在工作场所，让雇主同意员工们花时间学习，学习的主题和过程也可以被设计得很有吸引力，但没有真正的办法能强迫人们接受金融教育。我认为，要达到最终的目标，即让个人具备解决所有金融问题的能力，首先要使员工能够对这些金融问题及其与生活的关系有更深入的理解。

我们要应对的最复杂的情形之一是，绝大多数公司是由20多岁到70多岁的员工组成的，而人们在一生中要经历几个财务状况不同的时期。在20多岁到30多岁时，人们开始储蓄、购房、提高生活水平、组建家庭；在40多岁到50多岁时，人们可能更注重财富积累、事业发展、帮助孩子读完大学；在60岁以上，人们主要关注退休。所以，挑战在于，如何在一堂课里把这些处于不同年龄段的人们所关心的话题都讲到。所有30岁以上的人都能理解401k的基本知识，甚至能理解股票期权以及其他很多福利。随着收入的增加，40多岁到50多岁的员工通常需要了解401k以外的知识，选择其他方式

---

① Americans Spend More Time Planning Vacations Than Retirement, by Libby Kane, June 26, 2014, available at http：//www.businessinsider.com/americans-plan-vacations-over-retirement-2014-6.

进行储蓄、投资和税收筹划。60多岁的员工尝试探索诸如什么时候开始使用社保金、怎么扩大收入而不仅是怎样取得利息以及如何从基金中提取资金以尽可能避税等问题的答案。我认为，最好的办法是，根据公司规模灵活地调配课程内容。

对于员工数大于500人的大公司，我们可以在现场开设金融课程，从基础知识课开始，讲到针对某些特定年龄段（如55岁以上即将退休）人群的金融问题。即将退休的人所需的金融帮助最多。对于大多数小于此规模的公司，我们只需要提供一个更基础的课程，而那些有特殊需要的员工可以根据自己的情况单独咨询。一些小公司通过提供免费的比萨或卷饼午餐来吸引员工参加，这确实会增加出席人数。但根据我的经验，这些免费食物能够让更多的员工前来参加研讨会，但并不会让更多的人学得更好！

理想情况下，所有有资格教授这些课程的人都应该提供后续跟踪服务，亲自上门或电话沟通均可。就像性和政治一样，金钱并不是适合在公共场合讨论的话题。虽然我发现在这些课程上人们会提很多问题，但是还有更多的人担心或不愿意在公共场合提问，特别是当和自己每天都相处的人在一起的时候。我认为，金融讲师应该提供30分钟以上的免费咨询。大多数符合授课要求的人确实有他们自己的事业。拿我来说，我喜欢探讨金融以及教人们如何将不同的金融概念和产品联系在一起。我确实也需要赚钱，尽管我的咨询是免费的，但经常也有人想付费聘请我来为他们提供更多帮助。我认为，人们传授这些知识的出发点是回馈社会，其次才是提升公司形象。就我个人而言，面对所有前来咨询的人，我一般会面谈或至少是打电话回复。他们想讨论的问题和那些员工年龄跨度大的公司里常见的问题差不多。在同一家公司里，我会碰到一些简单的问题，如“我是应该偿还助学贷款还是把钱放在401k账户里”，也会碰到一些复杂的问题，如“投资100万美元的最佳配置方案是什么”。讲师应该有所准备并且愿意和所有提出问题的人员交谈。如果作为人力资源部门的员工，你正在寻找一家公司来开展此类教育，请确保这家公司能够为你的员工做到这些。

11.1 金融教育真的能让员工更好或更快乐吗

就我个人而言，我从未根据学员反馈表以外的资料做过其他跟踪研究和分析。在绝大多数州，人们都喜欢这些课程，并且真正学到了能用得上的新信息。和学员们见面后会了解到，学员们之间的知识掌握情况往往差距巨大。有一家典型的硅谷高科技公司，我每年都要去上几次课，这家公司拥有很多高素质的工程师。这里有一大群来自世界各地的工程师，他们一方面为美国社会保障体系贡献资金，另一方面在其他国家享有福利并拥有资产，这显然会让财务规划更加复杂。他们通常不了解美国的退休计划。即使没有这些国际性问题，在很多具体的时间点，人们也有很多特殊问题需要解答。2008—2009年的金融危机时期就是这样一个能够引发人们比平时更加关注金融的时点。随着股票市场的崩溃，接受过教育的员工利用市场时机以及事后快速反应来趋利避害就是一个重要的证明。在房地产泡沫破灭后，我们不得不新增房地产市场的课程来强化做空和贷款修正等相关知识。我并不认为公司能够意识到员工所承受的压力，并致力于为员工提供教育来使其摆脱困境，从而改善员工的思维和生产力，尤其是在金融危机时期。人力资源管理协会（Society for Human Resource Management，SHRM）在一份研究报告中引用了Purchasing Power发布的白皮书《金钱智慧：帮助员工提升》（Money Smarts: Helping Employees Make the Grade），人力资源专家指出，50%的员工受到金融压力的影响，而47%的人因金融压力的影响导致生产效率降低。[①]

在美国新思（Synopsys）科技公司的第一次培训中，有一位先生来向我们寻求咨询。这个事例里，我们用化名Paul来称呼他。多年前，Paul曾住在威斯康星州，在那里他有金融顾问，但现在已不再保持联系。目前，他的很多投资配置已不符合他自己的时间要求和目标，而且没有制订退休收入计划。我们把他的大量账户整合起来，使其配置方案简化，更容易掌握账户动向，从而降低风险，同时，鉴于他没有退休金，我们从一家保险公司处为他获取了有保障的终身年金收入。我们还通过一位律师为他和他的妻子设立了信托，以规划遗产。不久之后，他的妻子搬到纽约去照顾病危的母亲。她在母亲去世后，因为自己的医疗健康问题，仍住在那里。我们在当地为她安排了一项收入，这样Paul可以更轻松地继续工作。现在，过了几年后，他的妻子需要更持续的照料，大概经过一年时间聘请全天看护后，Paul办理了退休并准备搬过去。

Paul是一个非常敬业的员工，他的主要爱好就是工作。我相信，如果新思科技公司没有聘请金融知识研究所来做这些事情的话，Paul将不得不提前几年离开公司。他会在照顾妻子方面遇到一些法律问题，无法毫无顾虑地退休。他的情况并不罕见。这也表明了为什么我认为在工作中进行金融教育如此重要。Paul可能不会自己去寻找他所需的这些信息或自学金融知识，因为他对这些并不感兴趣。给予他金融教育资源并帮助他掌握使用这些资源的方法，可以让他在保持生活上财务状况可控的同时，在工作中仍然是一名高效的员工。

11.2 企业金融教育培训指引

要求公司提供金融教育培训服务的推动力，可能来自负责401k账户的人、想把培训外包的人力资源部门员工或者想要接受培训的员工。本指引将针对上述这些情况，提供项目的时间安排和一些最佳实践案例。

首先，有必要对整个培训服务的基本过程有所了解。通常，培训师会首先提供关于培训要点的电子邮件邀请函或课堂讨论用的PDF文件。然后，在开展培训的公司里，应该有人负责向员工宣传这项培训服务，具体职责可能会落在人力资源部门或培训部门员工身上，但无论是谁，一般都要向员工清楚告知这项福利。公司要为研讨会提供一个会议室。由培训师主持整个讨论过程，通常时长45分钟，其中包括15分钟的问答环节。研讨会后，通常还有四五个人想要私下提问。培训师应当准备反馈表，以便获得员工对

① https://www.purchasingpower.com/sites/all/files/attachments/employer-resource/Money-Smarts-Financial-Wellness-Education-White-Paper-Feb2015.pdf. Purchasing Power's White Paper Money Smarts: Helping Employees Make the Grade, Feb 2015.

该项目的反馈，这也为员工提供了申请进一步咨询的机会。这些表格应该由培训师保存，同时应该全部扫描发给公司的联系人，以便他们可以判断项目效果。对于申请咨询的员工，培训师通常会和他们在公司见面，由发起申请的员工负责找一个会议室或其他地点见面。研讨会结束后，公司的联系人就不需要再做什么事了。除了免费咨询之外，由员工自己决定是否付费聘请金融规划师、律师或房地产专家。

那么，去哪里找人来完成这些培训呢？你可以和当地提供过此类培训项目的其他公司聊一聊，还可以在线搜索有哪些提供此类员工教育的公司。金融知识研究所是我成立的非营利组织，还有其他几个类似组织。你甚至有可能会接到金融公司工作人员主动打来的电话，但在这种情况下，你要非常谨慎。正如我前面提到的，他们的目的可能是推销产品，而不是提供教育。因此，我强烈建议你参加该培训师在另一家公司进行的一次培训，以确保选择正确。你不会愿意把这次培训变成一直在推销产品的活动或为了销售特定产品而进行的带有误导性的教育。就我自己的非营利组织而言，我们对每一位专业人士都进行了背景调查，包括金融、法律、房地产或税务专家，目的就是确保他们在领域内是真正的专家，并且没有任何法律问题。这些背景调查很容易完成，下面列出了一些可供选择的方式：

- 持证券从业资格的金融咨询师——http：//www.FINRA.org；
- 注册投资顾问——http：//www.sec.gov/investor/brokers.htm；
- 各州的保险代理人——http：//www.naic.org/state_web_map.htm；
- 各州的律师——http：//www.americanbar.org；
- 抵押贷款经纪人——http：//www.nmlsconsumeraccess.org；
- 各州的地产经纪人——http：//www.realtors.com。

背景调查的局限性在于，你可以验证他们是否有资格在该领域提供咨询服务，但金融行业的特殊性决定了很难辨别谁能具体做什么以及能在什么领域提供建议。正如前面提到的，注册投资顾问或从事这方面工作的人——名片上印的是“投资顾问代表（Investment Advisory Representative）”——会比较好，也可以是一位注册金融规划师（Certified Financial Planner，CFP）或特许金融顾问（Chartered Financial Consultant，ChFC）。

11.3 组建专家培训团队

通常，金融顾问是最有动力开展金融培训的群体，他们可能会带上别人，也可能不会。我认为，提供教育总比不提供教育要好，但最好还是能提供全方位的课程。就律师而言，他们可能是因为与金融顾问相熟或是因为开展培训的公司和他有法律援助协议才来的。就房地产经纪人而言，理想的培训师人选应该是全职的。就抵押贷款培训师而言，我认为应该是抵押贷款经纪人，而不是在银行从事提供抵押贷款工作的人员。原因在于，抵押贷款经纪人可以提供市场上所有的产品，并开诚布公地讨论这些产品；如果是一名来自富国银行的工作人员，他只可能讨论他们银行的产品，那么培训的教育性将大大降低。所以，组建专家培训团队的原因在于，如果某人把财务和投资安排得井然有序，但却由于操作错误，导致卷入官司或者支付法律费用，那真是很遗憾。抵押贷款是个人理财规划中的一大部分，因此，把这个领域的事情安排好也是很重要的。此外，还有一些领域也应当被涉及，需要搭建起框架，由专人持续跟踪并推动完善，通过系列课程可以实现这些。

11.4 时间表和流程

备选的时间表和流程如下：

- 人力资源部门找到一家组织来提供金融教育；
- 人力资源部门确认该组织及培训师具备相应的资质；
- 人力资源部门和培训组织确定举办培训的时间或时间段；
- 培训组织为人力资源部门提供活动的邀请电邮和PDF传单；
- 人力资源部门在发言前几天发布信息，并在培训前确认邀请回执；
- 人力资源部门协助培训组织确定会议室；
- 培训师主持研讨会，并进行现场问答；
- 培训师请企业员工填写听课反馈表，并开展咨询服务；
- 培训师将反馈表复印件送交人力资源部门备查；
- 培训师为提出咨询申请的员工开展免费咨询；
- 咨询后，公司员工可决定是否付费接受专业服务；
- 理想情况下，人力资源部门和组织将举办一系列培训，并制定培训日程表；
- 如果企业员工超过500人，培训应至少每6个月组织一次，但最好每季度组织一次。

11.5 对企业的提示

如前所述，美国《劳动法》（Labor Code）第404c条规定，企业应提供相关计划的金融信息。如果你是计划执行人，为你的员工提供的信息越多，你的责任就越小。

11.6 对人力资源或培训部门的提示

正如前面提到的，每年让公司的401k服务提供商来培训一次以上是有必要的。你是他们的客户，你为他们的服务支付了费用，所以，他们理应负责向你的员工提供教育。你还需要确定向员工提供的教育是否涵盖其他福利，难点在于，针对员工股票购买计划（ESPP）、限制性股票（RSU）、期权的金融或税务建议应如何给出。即使是一些税收优惠项，如健康储蓄账户（HSA），为员工提供避税教育也可能给公司带来风险。因此，真诚建议你找一个中立机构最好是非营利组织来提供教育培训，这样你最起码可以少做一件事。至于培训效果如何，很重要的一点是培训的前期宣传工作做得是否到位，这只能靠人力资源或培训部门来完成。我会核查培训组织和培训师，至少在互联网上搜索一下他们。参加他们在另一家公司所开展的培训也是一个很好的做法。人力资源管理协会（SHRM）或当地的人力资源组织可能会提供联系方式，不仅有助于找到提供培训的组织，还可以联系到过去和他们合作过的人员，从中了解其他公司对他们的评价。人力资源专家经常有很多途径邀请外部公司对员工进行培训。请记住，提供培训的组织最终应该为你的公司做到几件实事：满足401k的教育要求，减轻人力资源部门的工作负担，提高员工对公司福利的使用率，并使员工更快乐、压力更小。

人力资源部门应该向培训师充分介绍公司提供的各项福利。你也许会感到惊讶，对于公司发送的大量事关福利的信息，许多员工并未阅读。另外，你还要确保培训师提到的福利在公司提供的福利范围内。罗斯401k是一个很好的福利但经常被人们误解，如果培训师就这项福利谈论了很多而公司并没有提供，这可能会产生一些问题。所以，在培训之前，应当确保培训师了解公司所提供的福利。

11.7 对所有培训师的提示

培训师在培训中的首要作用是教育听众。培训师提供的与整体财务状况相关的最新信息，以及如何利用福利的信息，应有助于改善员工的财务状况。请记住，大多数培训中，听众有老有少，所以，培训的开始阶段应该是更为基础的普及性信息。我认为，关键问题之一是需要让员工了解工作中接触不到的项目，了解这些项目与工作福利的关系，以及自己可以如何一步步把这些项目设立起来。我们提供的最受欢迎的课程是另类投资（Alternative Investments），平时很少有人接触到这些知识。与俗称“退休红带（Retirement Red Zone）”的人员（即还有10～15年就要退休的人员）讨论也是一个好主意，这样可以更为集中地关注社保提取策略以及与退休相关的收入和其他风险。

11.8 组建专业培训团队的最佳实践

由于培训确实需要从基本的金融对话开始，因此这个过程通常由金融顾问把控。要想尽可能以最好的方式为公司提供培训服务，提供充分涵盖员工各项金融问题的培训至关重要，因而这项培训必须包括法律、税收、房地产和债务等。这意味着你需要找到既可以开展研讨又可以提供一些免费咨询的专业人士。另一个重要事项是，这些专业人士应当是优秀的讲解者。法律和税务领域对个人来说通常不具有吸引力。首先，培训师必须自己真正理解这个主题；其次，他们能够深入浅出地把内容解释明白。在房地产和抵押贷款领域，有很多人做的是兼职工作，而真正适合作为培训师的是全职、及时了解行业动态、能提供咨询解答的从业人员。另一个现实是，随着时间的推移或工作压力的增大，培训师的投入程度可能会下降，此时其可能不再适合作为培训师，因此，要做好每年或隔年更换培训师的准备。

11.9 金融专家的最佳实践

有几个话题是培训中不应该涉及的，例如性、政治和宗教等。但是有时候，美国国会或总统声称要改变某些事情或没有更新过时的内容，这会产生金融影响。讨论这些问题很重要，但应避免附加政治观点。曾有一位律师在培训中议论总统，并拿总统开玩笑，结果人力资源部门在反馈表中收到两个负面评价，我们也把他从培训师名单中删除了。谈话中不应该提及特定的产品，如XYZ年金，但可以讨论年金及其适用范围。人们喜欢预测股票市场，因此员工经常要求培训师谈论股票，但相关话题也应该避免。了解经济事实是必要的、适当的，比如美联储准备提高利率或美国赤字高达18万亿美元，但应避免基于所提到的经济情况推荐购买某只基金或股票。你提供的所有的演示文稿都应经合规部门或合规人员审核。让拥有证券从业资格证的人将此项志愿者活动列为外部业务活动（Outside Business Activity，OBA）也是明智之举。我是一名注册投资顾问，这项活动已在证券交易委员会表格ADV章第2部分中列明，这样可以确保相关信息已向投资者充分披露。在开展培训前，许多金融顾问的财富净值或资产水平较低，但不应借这种情况发展客户。记住你是从事志愿工作的，所以一定要帮助寻求帮助的人。如果他们需要更多的帮助，而这不适合你的公司，那么请将他们推荐给有能力帮助他们的人。

11.10 律师的最佳实践

越来越多的公司正通过其他公司向员工提供自愿性法律咨询服务福利，如凯悦（Hyatt）公司。如果开展培训的律师恰好是公司福利提供方，就非常有益，员工可以更轻松地跟进补充所需的材料，因为后续的服务被包含在福利里。通常，首次培训应该在了解个人需求的情况下开展，重点关注遗嘱信托、生前信托等基本文件。后续的培训可以提供涉及其他问题的高级课程，如遗产规划。我发现，很少有人在金融规划中真正办妥必要的法律手续。这些培训对鼓励员工采取行动非常有用，但要易于理解且手续简单。

11.11 房地产经纪人和抵押贷款经纪人的最佳实践

培训之所以应该由专家团队进行，是因为总有人提出需要其他专业人员回答的问题。诸如“我是否应该购买首套住房”的问题总是伴随着对抵押贷款利率、首付款、税收等问题的讨论。大衰退的确引发了对债务管理和信用评分的更多讨论，抵押贷款培训师应该对这两个主题进行深入研究。即使在今天的美国，仍然可能存在卖空的情况，因此需要抵押贷款经纪人和房地产经纪人提供专业知识。房地产和利率是具有地域差别的，所以你需要了解当前的市场情况，并向听众提供某种评判。这些咨询并不总是必需的，因为人们可能不打算出售正常抵押的房产。提供信用评分或房产估值可以真正提升咨询的价值。

11.12 税务讲解员的最佳实践

培训师可以是注册会计师或注册代理人。理想情况下，这位培训师应具备让话题变得有趣的本领。在纳税申报期间不应开展此类培训，这时候培训师和听众都太忙了。我发现，年底前是举行这些培训的好时机。人们对收入有把握，并且在年底前仍有时间采取行动。年底前，人们应该花时间进行税收筹划，因为一旦一年过去，大多数税收减免选项也就失效了。培训重点应该是员工如何利用公司提供的福利降低现在或未来的税负，以及在年底之前可以采取哪些行动。任何新出台的和即将到期的税法都应该被涵盖在培训内容之中。这门课每年只需要开设一次。尽管就成功的培训项目来说，这门课程并非必不可少，但还是强烈建议开设这门课程。

11.13 员工的最佳实践

向接受培训的人员提供建议可能看起来很奇怪，但我认为这些建议是有价值的，否则员工可能错失一些选择机会。很明显，只要参加这些培训项目，你就会更加了解自己现在是否存在某些财务问题。即使有些问题不适用于你的情况，也可能对你的父母或朋友有用，这样你就可以帮助他们。在研讨会上提问会对个人很有帮助。如果某些培训内容适用于你的情况，请向培训师申请免费咨询。如果用金钱来衡量，一般来说，与这些专业人员对话的价值约为每小时200美元。

11.14 工作场所金融教育的未来

21世纪初的金融风暴让人们更有动力学习金融知识并掌控自己的财务状况。但是，对于很多人来说，他们遇到的财务挫折会使他们避免接触其不了解的金融项目。税法总是随着美国国会的变化而变化，同时往往对投资产生直接影响。员工福利及员工自身都会改变公司。所有这些变化都需要在员工的金融规划中综合考虑，却很可能因为工作过于繁忙而被忽略。对于一些人来说，他们会转而运用越来越多的在线金融工具，比如提供资产配置建议的“机器人顾问（robo advisers）”网站，但也就是这样了。让计算机审阅纳税申报表来发现投资错误、分析信托，或者让在线抵押贷款报价系统自动匹配个人理财规划安排，是非常困难的。这些任务的完成仍然需要依赖人力，而且与这个人还要能够有效沟通。工作场所金融教育确实可以解决许多此类问题，甚至是一些困扰整个美国的问题。如果公司员工们与金融顾问讨论过购买新房和全额抵押贷款，他们可能就不会买下以后有可能被没收的房子。尽管不应强制要求企业提供这些教育，但提供此类教育的企业会发现员工压力降低、生产力提高。创业公司提供这些服务也是明智的，因为这些公司可能无法提供优厚的待遇，而像这样的项目可以帮助员工找到其他避税方法。我在私人软件公司Workday做过一次培训。通过学习持有股票期权以及相应的避税知识，参加培训的员工可以节省数千美元的税款。一位员工在公司上市后聘请我就他的一项投资提供一些避税建议，这使他在IPO股票出售中节约了数万美元的税款。

这些项目对相关各方都有很多好处，但只有一个缺点，就是让推销人员参与其中。这是公司与教育提供方洽谈时主要担心的事项。这确实是现实存在的风险，但不难克服。可以参考培训师在其他公司的宣讲和行为，当然也要确保他们有资格就相关问题发言，以避免产生任何问题。我认为，很多公司在危机时期都没有好好问自己一个问题：“我的明星员工受影响了吗？”2008—2009年的大衰退就是一个例子，但一场金融危机可能就像突然失去配偶又没有足够的人寿保险来抚养孩子那样。因此，员工可能为了找个离家更近的工作而离职。甚至不需要这么戏剧化。一名员工可能在拼命偿还债务，却不知道401k中有贷款选项。员工们每天都感受到压力很容易导致生产力下降，如果他们担任财务工作就可能更糟，因为这可能会诱使他们贪污或盗窃。我知道一家小公司曾发生这种情况，该公司的首席财务官正在监狱里，其盗窃的损失直接导致公司最终倒闭。

工作场所金融教育是一种简单而有力的方式，可以让企业在普及金融知识、提高员工稳定性甚至在提高生产力方面取得实质性进步。

第12章 金融教育——联邦活动、项目及挑战概览[①]

Alicia Puente Cackley[②]的报告

12.1 政府问责办公室开展此项研究的原因

向美国人提供有效金融决策所需的足量信息是改善其财务状况的关键所在。联邦政府在推动金融素养教育方面发挥了重要作用，包括强化个人理财相关知识，让人们了解金融产品、金融服务和相关金融概念。随着2003年美国金融素养教育委员会和2010年美国消费者金融保护局（CFPB）的成立，联邦政府的作用得到发挥。

这一证词提供了联邦金融教育活动和机构概述，以及根据政府问责办公室（GAO）在这一领域的建议所开展的相关工作进展。证词主要基于2012年7月的报告（GAO-12-588）和两份GAO年度报告（GAO-11-318SP和GAO-12-342SP）中的相关内容，并有所更新。对于这些报告，GAO审阅并分析了与联邦金融教育工作相关的报告、规划和网站，并采访了17家联邦机构和非营利组织的工作人员。为了更新陈旧的信息，GAO与工作人员进行了交谈，并查阅了CFPB和美国财政部的材料。

12.2 GAO的建议

GAO在这份证词中没有提出任何新的建议，但重申了在2012年7月向委员会提过的建议，以便委员会制订并完善联邦金融教育工作方案，优化联邦资源在国家战略中的分配。委员会同意了这些建议。

请参阅GAO-14-556T。更多信息请联系Alicia Puente Cackley，电话号码（202）512-8678，电子邮件cackley@gao.gov。

12.3 GAO的研究发现

在2012年7月的报告中，GAO展示了2010财年14个联邦机构开展的16项重要金融

---

① 美国政府问责办公室（GAO）提交给金融机构和消费信贷小组及金融服务住房委员会(Subcommittee on Financial Institutions and Consumer Credit, House Committee on Financial Services）的证词。这份证词于2014年4月30日周三美国东部时间上午十点被提供，并且是GAO-14-556T报告中的要点。

② Alicia Puente Cackley是金融市场和社区投资部门主任。

教育项目或活动、2个机构开展的4个住房咨询项目以及联邦特许组织开展的其他活动。据美国金融素养教育委员会（以下简称委员会）代表的反馈，截至2014年4月，3项金融教育项目和1个住房咨询项目已不复存在或不再获得资助，同时，也没有新增的相关联邦项目。2010年成立的美国消费者金融保护局（CFPB）成为重要的新鲜力量，其设立了专门的部门致力于提供更广泛的金融教育，教育对象覆盖现役军人、老年人和学生。2003年成立的跨机构委员会负责协调各联邦机构之间以及联邦机构与州、地方、非营利组织和私营机构之间的关系。委员会的职责还包括制定国家战略，以提升金融知识水平、整合联邦机构各项重叠职能和重复工作。此外，自2008年以来，3个与金融教育相关的总统咨询委员会负责促进私营机构、非营利组织和政府机构之间的合作关系。

GAO在协调合作、建立伙伴关系、确定CFPB的职责和评估工具等四个方面取得了重要进展，但仍须在如何更有效地分配联邦资源这一领域做出更多努力。

• 协调合作。近年来，联邦机构之间的协调有所改善，这在很大程度上是因为委员会发挥了重要作用。近期成果包括一项针对票据交换所的研究和青年教育倡议方面的合作。

• 建立伙伴关系。委员会致力于构建伙伴关系并持续推进，在多项倡议上已与学术界、非营利组织和其他实体达成合作意向。

• 确定CFPB的职责。为了避免不必要的重复，CFPB进一步界定了其在金融教育工作中的角色，与职责交叉的其他联邦机构进行了商讨、分工，并就合作领域和重点工作签署了协议。

• 评估工具。委员会和CFPB协助开发与推广用于评估金融教育项目成果和有效性的工具。CFPB聘请了一家公司来完善指标和成果衡量标准，并与一家非营利组织合作评估金融教育项目和活动。

但是，我们仍需要进一步在有效分配金融教育项目资源和避免不必要的工作重复方面开展工作。针对2012年的工作，GAO的结论是：委员会已经做到了全力投入，确保联邦资源得到最有效的配置。委员会制定的国家战略本可作为一项机制，用于识别资源并检验资源配置的有效性，但目前并没有这样做。在没有收到资源分配建议的情况下，政策制定者缺乏足够的信息来避免重复工作以及确保联邦资金得到最有效的使用。

12.4 证词正文

尊敬的Capito主席、资深成员Meeks以及（金融机构和消费信贷）小组的各位成员：

今天，我很高兴能够在这里讨论金融教育以及2014年金融教育月的联邦政府相关项目。向美国人提供能够帮助他们做出有效金融决策所需的信息是帮助他们实现财务健康的关键。此外，当消费者能理解金融服务提供商和金融产品的运作方式并知晓如何做出选择时，金融市场就能运转得更好。联邦政府在推动金融教育方面扮演了重要角色。近年来，这一角色还在逐步强化，尤其是2003年成立的旨在协调联邦政府部门间工作的美国金融素养教育委员会以及2010年成立的美国消费者金融保护局（CFPB）。[①]

我今天的证词主要基于我们在2012年7月发布的一份报告，并对部分内容做了更新。该报告考察了联邦政府所有的金融教育活动，整理了包括机构、项目名称、活动概要和协调合作情况等在内的信息[②]。报告还纳入了我们近年来开展的一些工作，主要用于解决各联邦政府项目间存在的项目碎片化、职能重叠或工作重复等问题[③]。本证词提供了关于各联邦金融教育项目、活动和机构作用的简要概述，以及我们对该领域的相关建议。

为了实现2012年度报告的目标，我们考察并分析了与联邦金融教育工作相关的报告、问卷调查、机构战略计划、绩效和问责报告、网站、预算修正、表现数据和评估报告等资料。我们还采访了17家联邦机构以及其他非营利组织的工作人员。此外，我们还通过收集美国国会拨款、机构预算等信息，结合工作人员经验估计来估算成本。为了更新此证词的相关信息，我们与工作人员进行了交谈并查阅了CFPB和美国财政部的相关材料。

针对此证词所开展的各项工作，均符合公认的政府审计标准。这些标准要求我们计划并实施审计工作，获取充分、恰当的证据，从而为调查结果和结论提供合理的依据。我们相信，所获得的证据为调查结果和基于审计目标的结论提供了合理的保证。更多关于调查范围和方法的细节，我们将在相关内容中提供。

12.4.1 背景

金融素养，有时也被称为金融能力，其定义是利用知识和技能来有效管理金融资源并实现人生财务健康的能力。金融素养包含金融教育，即提高个人对金融产品、服务及概念的认识和理解水平的过程。但是，为了做出合理的金融决策，个人不仅需要具备基本的金融知识，也应具备将这些知识应用于金融决策和行为的技能。

可以采用多种方式提高金融知识水平，包括开展一对一咨询、课堂教学，召开研讨会或信息会议，印制小册子和折页等材料，以及在杂志、报纸或电视、广播或公告牌等公众传媒上做宣传。许多机构还通过互联网提供金融教育，内容可能包括信息和培训材料，预算工作表、贷款和退休金计算器等实用工具，以及交互式金融游戏。

---

① 该委员会目前包括22个联邦政府部门，其主席由美国财政部长担任，副主席由根据《多德-弗兰克华尔街改革和消费者保护法》（简称《多德-弗兰克法》）设立的美国消费者金融保护局（CFPB）主任担任。

② 参见GAO的报告 *Financial Literacy: Overlap of Programs Suggests There May Be Opportunities for Consolidation*，GAO-12-588（华盛顿特区，2012年7月23日）。本报告阐述了以下内容：（1）各联邦金融教育活动的成本情况；（2）各联邦金融教育活动间的重复和碎片化问题的程度及后果；（3）联邦政府目前关于协调各金融教育活动的行动；（4）对当前联邦金融教育活动有效性的了解。

③ 参见GAO的2012年度报告 *Opportunities to Reduce Duplication, Overlap and Fragmentation, Achieve Savings, and Enhance Revenue*，GAO-12-342SP（华盛顿特区，2012年2月28日）以及报告 *Opportunities to Reduce Potential Duplication in Government Programs, Save Tax Dollars, and Enhance Revenue*，GAO-11-318SP（华盛顿特区，2011年3月1日）。另可参阅GAO的最新动态，其官方网站可公开访问，具体介绍了这些报告中提到的区域和行动，还提供了我们向美国国会及其分支执行机构提出的有关采取评估行动的建议。

12.4.2 联邦金融教育项目、活动及相关机构作用概述

在2012年度报告中，我们列举了联邦政府在2010财年开展的16项重要[①]金融教育项目或活动。如表12-1所示，14家联邦机构提供了16个项目或活动，2家联邦机构及1家持证非营利组织提供了4个住房咨询项目（包含金融教育成分）。这些项目和活动涵盖了各类主题，覆盖了广大的目标受众，并采用了各种传播渠道。尽管自2012年以来，我们没有对这份摘要进行全面更新，但我们从美国财政部和CFPB的代表（即委员会的主席和副主席）那里获知，截至2014年4月，16个金融教育项目中的3个、4个住房咨询项目中的1个已不复存在或不再获得资助[②]，同时，2010财年以来，联邦没有新增相关项目。

表12-1 2010财年联邦重要金融教育和住房咨询项目、活动及其目标受众简介

金融教育			
机构名称	项目或活动名称	描述	目标受众
美联储理事会	消费者与社区事务部、公共事务处（Division of Consumer and Community Affairs and Office of Public Affairs）	网站提供最新的信息和资源，包括有关金融产品和服务的监管政策变化、计算工具、信用卡账户条款披露信息和相关工具、透支保护项目、礼品卡、信用评分等。网站还为不同年龄和知识水平的教师和学生提供资源，如教育游戏、课堂教学计划、在线出版物和多媒体工具等	成年消费者及学生
美国消费者金融保护局	金融教育办公室及其他办公室（Office of Financial Education and other offices）	金融教育办公室、现役军人事务办公室、公平贷款和平等机会办公室以及老年人金融保护办公室等制定并实施了一些举措，以教育和帮助广大消费者和特定目标群体做出明智的金融决策	消费者、现役军人及其家人、62岁以上人士
美国农业部	家庭及消费者经济项目（Family and Consumer Economics Programs）	国家粮食和农业研究院（National Institute of Food and Agriculture）向大型学院、大学以及州和县推广办公室提供资金，支持开展研究和教育，包括与个人理财主题相关的衍生活动	青年、农村家庭、老年人，以及其他财务状况脆弱的人群
美国国防部	个人理财管理项目（隶属于家庭支持中心）（Personal Financial Management Program ）	个人理财管理专家在军事场所提供金融教育项目和咨询服务，帮助现役军人实现其金融目标。内容包括财务管理咨询、财务规划、储蓄、减少负债的策略、消费纠纷和投诉处理、金融研讨会、退休规划、住房问题、转业以及青少年教育计划等	现役军人及其家人

① 我们对“重要”的定义是范围或规模相对较大的金融教育项目或活动，并且这些项目将金融教育作为主要目标，而不是仅仅提及。有关重要项目或活动标准的更多信息，请参阅GAO-12-588的第12页。

② 这些终止的项目是：社会保障局的金融教育研究联盟、美国教育部的卓越经济教育项目、大学准入及成功金融教育项目，以及美国财政部的金融教育咨询试点项目。

续表

金融教育			
机构名称	项目或活动名称	描述	目标受众
美国教育部	卓越经济教育项目（Excellence in Economic Education Program）	向开展活动的组织发放竞争性的奖励，同时，向其他组织提供一些补贴，以提高学生对个人理财和经济学的理解水平	幼儿至12年级间的学生
	大学准入及成功金融教育项目（Financial Education for College Access and Success Program）	支持开发、应用、评估国家主导的个人理财课程材料以及教师培训，当学生进行与高等教育相关的金融援助决策时为其提供帮助	一般针对初高中学生，即6年级至12年级间的学生
美国健康和人力服务部	妇女与退休规划国家教育及资源中心（National Education and Resource Center on Women and Retirement Planning）	向妇女提供退休、护理、健康和长期照料计划等一站式服务	低收入女性、有色人种女性、英语能力有限的女性
美国劳工部	退休储蓄教育活动（Saving Matters Retirement Savings Education Campaign）	通过交互式网络工具、纸质出版物、网站、公共服务公告、讲座、研讨会、视频和网络广播等，促进工作人员对退休储蓄和联邦退休法律的理解	雇员、雇主以及小企业
	聪明点（Wi$eUp）	针对女性开展八个方面的金融教育课程，包括货币基础知识、信贷、储蓄和投资、保险、退休规划和金融安全等主题，提供线上课程或线下课程	1965年到1988年间出生的女性（Generation X and Y women）
美国财政部	金融教育和金融服务可得性办公室（现已并入消费者政策办公室）（Office of Financial Education and Financial Access）	美国金融素养教育委员会提供各种金融教育活动和工作人员支持，并创建了MyMoney.gov网站（联邦政府金融教育资源网站）	所有人群
联邦存款保险公司	精明理财金融教育项目（Money Smart Financial Education Program）	设计了适合成年人的11堂金融教育课程，旨在提高他们的基本金融技能并构建积极的银行关系，目前提供9种语言的版本；设计了适合青年的8堂金融教育课程。课程类型包含讲师讲授、计算机引导、视频教学（MP3）等形式	被主流金融体系排斥的中低收入成年人群，以及12岁至20岁的青年
美国联邦贸易委员会	消费者和商业教育部（Division of Consumer and Business Education）	提供了多种主题的多媒体资源，例如信贷、信用修复、催收债务、求职、工作欺诈、抵押贷款偿还管理、避免止赎救助诈骗以及身份盗用等	消费者
美国货币监理署	消费者教育活动（Consumer Education Activities）	通过网站、消费者建议书、公共服务公告、社区宣传以及印刷和广播广告等，就消费者银行业务等金融事务主题提供教育	消费者

续表

金融教育			
机构名称	项目或活动名称	描述	目标受众
美国人事管理办公室	立刻为退休规划（Retirement Readiness NOW）	向联邦雇员提供退休教育策略，帮助他们进行退休规划、计算达到退休目标所需的投资	联邦雇员
美国证券交易委员会	投资者教育和宣传办公室（Office of Investor Education and Advocacy）	提供信息，帮助个人投资者评估当前和潜在的投资机会，帮助其做出明智的决策并避免欺诈	投资者
美国社会保障局	金融教育研究联盟（Financial Literacy Research Consortium）	与波士顿学院、兰德公司以及威斯康星大学签订为期两年的合作协议，开发创新材料和项目，帮助美国人就安全退休进行规划	待退休人员
住房咨询及房屋止赎风险缓解			
美国住房和城市发展部	住房咨询协助项目（Housing Counseling Assistance Program）	认证和监督住房咨询提供商；向经核准提供购房前后咨询服务的住房咨询机构发放竞争性补贴；帮助租房者、无家可归的人群以及寻求解决抵押贷款违约问题的人。咨询可当面进行，也可通过电话、自助电脑程序或工作表格进行	中低收入家庭
美国财政部	金融教育咨询试点项目（Financial Education and Counseling Pilot Program）	对向潜在购房者提供金融教育和咨询服务的机构发放竞争性补贴	准备买房的人群
美国邻里计划（NeighborWorks America）	国家房屋止赎风险缓解咨询项目（National Foreclosure Mitigation Counseling Program）	向提供针对房屋止赎风险缓解的一对一咨询服务的组织发放竞争性补贴	存在房屋止赎风险的人士
	其他住房咨询活动（Other housing counseling activities）	向合规的住房咨询活动提供额外补贴	拥有住房的人群及潜在的住房拥有者

资料来源：GAO基于联邦机构公布的信息和对机构工作人员访谈所做的分析。

CFPB[①]自2011年开始运作，在推进金融教育方面扮演了重要角色。例如，金融教育办公室为消费者提供金融咨询，提供用于理解信用产品、信用历史记录和信用分数的信息，提供有关储蓄和借贷工具的信息，并协助制定长期储蓄策略和财富管理策略。现役军人事务办公室为现役军人及其家属提供教育，使其能够在金融产品和服务决策方面

① 根据《多德-弗兰克法》，CFPB得以成立，同时，法案特别提出要设立金融教育办公室，将其职责确定为促进金融教育。参见Pub. L. NO. 111- 203, 1013(d)，124 Stat. 1376, 1970 (2010)（编号为12 US.C. S 5493 (d)）。

拥有更充分的信息支持、掌握纠纷投诉的方法，还与联邦和州政府机构在采取消费者保护措施方面开展合作。美国老年人金融保护办公室为金融教育和咨询项目设定了目标，帮助老年人识别不公平、欺诈或恶意的金融行为。CFPB的公平借贷和机会平等办公室在提供公平借贷教育方面发挥着重要作用。此外，CFPB还设立了学生办公室来处理学生贷款方面的投诉并解答相关疑问。

除了针对消费者的特殊项目和活动外，联邦机构还发挥了协调和统筹的作用。例如，由22个成员单位组成的委员会参与协调其他联邦机构之间以及联邦机构与州、地方、非营利组织和私营实体之间的工作。委员会还负责制定了提高金融素养的国家战略，以及提出消除联邦机构间金融教育活动重复开展和职责重叠情况的措施。此外，自2008年以来，3个与金融教育相关的美国总统咨询委员会被组建起来，其任务是在联邦、州和地方、非营利组织和私营实体之间促成合作伙伴关系的构建。最近，根据2013年6月下达的行政命令[①]要求，美国青年金融素养总统咨询委员会也已组建成立。

12.5 联邦机构采纳了GAO的几项建议，但其他进展需要进一步基于资源最佳配置来确定

在对近年来联邦金融教育工作的考察过程中，我们还探讨了其他一系列问题，如项目碎片化和工作重复，项目有效性，多个机构之间以及联邦、州、地方和非营利组织之间的协调，项目或活动合并的可能性，以及委员会的国家金融教育战略需要进一步完善等问题[②]。下文总结了我们观察到的有所改进或比较成功的四个方面（分别是协调合作、构建合作伙伴关系、发挥CFPB的作用和评估工具等方面），以及我们认为仍需开展大量工作的主要领域之一，即如何确定联邦资源能得到最高效的分配。

12.5.1 协调合作

总体而言，近年来联邦机构之间金融教育工作的协调有所改善。如前所述，多个联邦机构在金融教育方面有很高的积极性。由于金融教育工作具有跨专业领域性，由单一机构来解决这些问题会非常难甚至根本不可能，因此，各机构之间的协调显然是有必要

---

① 2013年6月28日第13646号总统令。

② 有关GAO在金融教育工作方面的例子，请参阅*Financial Literacy: Enhancing the Effectiveness of the Federal Government's Role*，GAO-12-636T（华盛顿特区，2012年4月26日）；*Highlights of a Forum: Financial Literacy: Strengthening Partnerships in Challenging Times*，GAO-12-299SP（华盛顿特区，2012年2月9日）；*Financial Literacy: A Federal Certification Process for Providers Would Pose Challenges*，GAO-11-614（华盛顿特区，2011年6月28日）；*Financial Literacy: The Federal Government's Role in Empowering Americans to Make Sound Financial Choices*，GAO-11-504T（华盛顿特区，2011年4月12日）；*Financial Literacy and Education Commission: Progress Made in Fostering Partnerships, but National Strategy Remains Largely Descriptive Rather Than Strategic*，GAO-09-638T（华盛顿特区，2009年4月29日）；*Financial Literacy and Education Commission: Further Progress Needed to Ensure an Effective National Strategy*，GAO-07-100（华盛顿特区，2006年12月4日）；*Highlights of a GAO Forum: The Federal Government's Role in Improving Financial Literacy*，GAO-05-93SP（华盛顿特区，2004年11月15日）。

的。在2006年度报告中，我们提出，委员会可以通过设立一个联络中心来扩大各机构之间的交流和协作，共同探讨金融教育问题。2011年，我们建议委员会加强对联邦活动的协调，例如进一步寻找机会加强其作为联邦金融教育工作资源调配中心的作用[①]。委员会接受了这项建议，自2012年以来开展了一系列额外的协调活动。这些活动包括：建立一个内部门户网站，让参与金融教育工作的各联邦机构可以共享信息和资源；发布"2012年研究重点和研究问题"，以帮助协调联邦机构研究工作；设立金融教育的联邦研究和数据交流中心；发起一项协调联邦机构的活动和资源的倡议，来帮助家长和教师为儿童和青年的财务健康奠定基础；支持人事管理办公室为准备退休的员工制订战略计划。[②]

12.5.2 构建合作伙伴关系

委员会在促进联邦部门和非联邦部门之间构建合作伙伴关系方面取得积极进展。鉴于所提供的金融教育项目广泛涉及各州、地方、非营利组织和私营组织，利用好私营组织资源并协调联邦活动与社区资源是非常有必要的。2011年，我们建议委员会在推进联邦、州、地方、非营利组织和私营组织之间建立合作伙伴关系方面继续发挥作用[③]。委员会已采纳这一建议并采取了行动。一个例子是，近期委员会与非联邦部门合作完成了上述2012年度研究报告。这份报告由委员会与学术研究人员、非营利组织的金融教育工作者和其他非联邦机构成员合作完成。还有一份关于建立实践社区的倡议也是由教育工作者和政策制定者合作完成的。委员会还与美国总统金融能力咨询委员会（该委员会已于2013年解散）以及新成立的美国总统青年金融能力咨询委员会开展合作。新成立的咨询委员会主要由私营组织和非营利组织的成员组成，之前的咨询委员会也是如此。

12.5.3 发挥CFPB的作用

CFPB已逐步明确了其在金融教育方面的作用，并与其他联邦机构的作用区分开来。在2011年和2012年，我们注意到CFPB在金融教育方面的一些职责似乎与其他联邦机构的职责重叠，因此，我们建议采取措施确保各机构都有明确的定位和职责。在对2012年度报告草案的回复中，CFPB既不赞同也没有反驳这一建议[④]。我们认为该建议已经得到实质性的采纳。自2012年以来，CFPB和美国财政部的金融教育工作者继续定期召开会议，讨论各自的角色分工。随着CFPB的组建，美国财政部对与金融教育工作相关的组织架构进行了调整，将其纳入职责更宽泛的消费者政策办公室。截至2013年3月，CFPB的金融服务人员事务办公室每月与国防部负责金融教育的工作人员会面，共同制定了两份原则性联合声明来帮助界定各自的角色和职责。此外，CFPB的老年人金融保护办公室于2012年1月与联邦贸易委员会签署了一份谅解备忘录，在开展消费者教

---

① 参见 GAO-11-318SP, 151～154页。

② 参见金融素养教育委员会发布的*2012 Research Priorities and Research 10 Questions：Financial Literacy and Education Commission Research and Evaluation Working Group*（华盛顿特区，2012年5月）。

③ 参见GAO-11-318SP, 151～154页。

④ 参见GAO-12-588。

育工作及促进信息共享方面开展合作。CFPB的学生办公室与美国教育部签署了一份谅解备忘录，其中部分内容是为了明确各自在提供学生贷款和金融援助教育方面的侧重点。

12.5.4 评估工具

2011年，我们建议委员会和CFPB采取措施制定并推广一套标准的评估工具或基准，以便评估金融教育项目的结果和有效性[①]。这个建议已经被接纳。2012年9月，CFPB与企业发展公司（Corporation for Enterprise Development）签订合同，开发一套评估金融教育项目成功与否的衡量标准和成果评价措施。这项工作正在进行中。CFPB还与城市研究所（Urban Institute）签订合同，评估金融教育项目，旨在了解哪些教育措施更能有效改进消费者的金融决策能力。根据CFPB代表的说法，一份中期报告已于2014年1月发布，最终报告预计在2015年4月左右发布[②]。此外，委员会发布的2012年研究重点涵盖了利用有限资金解决金融教育领域面临的重要问题。

12.5.5 联邦资源的配置

我们依然认为，有一个领域的工作需要取得进一步的进展，即帮助确保联邦金融教育资源得到最合理有效的分配，以避免不必要的重复工作。如前所述，由于相关法律和项目涉及不同人群的各类问题，联邦金融教育和住房咨询资源分布在众多机构中。虽然我们之前的研究没有涉及如何避免重复劳动，但一些机构或项目确实存在目标和活动上的重叠，这可能导致效率低下，也反映出协作的重要性。CFPB的创立给这个机构的群体又增加了新的成员。虽然之前在协调各联邦机构避免职责重叠方面取得了进展，但我们在2012年注意到，CFPB的组建提供了一个机会，意味着可以从更宽泛的领域重新审视并整合金融教育工作。特别是，一些工作的整合可能有助于确保联邦资源得到高效利用。因此，2012年7月，我们向美国财政部和CFPB提出建议，由委员会代表联邦机构向美国国会发起提案，将联邦金融教育工作整合到最适合或最有效的机构和活动中[③]。在审阅该报告草案时，美国财政部同意了该建议，随后CFPB也表示了同意，但该建议尚未实施。

委员会的国家战略可以作为一项机制，用于确定联邦资源如何在项目和机构之间进行最优分配，但目前尚未实施。委员会在2006年发布了第一份国家战略。我们在报告中指出，这是很有价值的第一步，但其内容主要是描述性的而不是战略性的，仅仅部分包含了某些关键特征，例如实施战略所需要的资源[④]。在2010年12月，委员会发布了

---

① 参见GAO-11-318SP，151~154页。

② Brett Theodos, Margaret Simms, Claudia Sharygin, et al., *Rigorous Evaluation of Financial Capability Strategies：Why, When, and How* (Washington, D.C.：January 2014)；prepared by The Urban Institute for tho Bureau of Consumer Financial Protection.

③ 参见GAO-12-588。

④ 参见 Financial Literacy and Education Commission, *Taking Ownership of the Future：The National Strategy for Financial Literacy* (Washington, D.C.：April 2006) and GAO-07-100。

第二份也是最近一期的国家战略[①]。这份报告尽管讨论了联邦政府应向消费者提供哪些教育资源，但仍未确定实施战略所需的资源数量和类型、可用于金融教育工作的资源预算，以及如何最优地配置这些资源。2012年7月，我们建议委员会修订这份国家战略，并明确提出了在项目和机构间分配联邦金融教育资源的建议[②]。美国财政部和CFPB也同意了这一建议，但尚未实施。

我们知道，在配置资源方面，由于治理结构的问题，委员会面临一些挑战，比如需要多个机构达成共识、没有独立预算、没有法律授权可以强制要求成员采取行动[③]。但是，委员会可以根据资源需求提出建议，并就美国国会或联邦机构如何分配稀缺的联邦资源以获得最大收益提供指导。如果没有对资源需求做出明确表述，政策制定者就缺乏足够的信息来指导战略实施。而且，如果没有资源分配建议，政策制定者就缺乏足够的信息来避免重复工作以及确保联邦资金得到最有效的使用。

Capito主席、资深成员Meeks以及诸位小组成员，我准备的声明就是这些内容。我很乐意回答您的任何问题。

12.6 联系人和工作人员鸣谢

如果您或您的员工对此证词有任何疑问，请与我联系：(202) 512-8678或cackleya@gao.gov。我们的美国国会关系和公共事务办公室联系地址可以在本声明的最后一页找到。对这份证词做出重要贡献的GAO工作人员有Jason Bromberg（助理主任）、Bethany Benitez、Juliann Gorse、Barbara Roesmann、Rhonda Rose。

这是美国政府的工作内容之一，在美国不受版权保护。无须取得GAO许可，这份公开资料可以完整复制和转发。但是，由于本作品可能包含拥有版权的图像或其他材料，因此，如果您希望单独复制这些材料，则可能需要得到相关版权所有者的许可。

12.7 GAO的使命

政府问责办公室（GAO）是美国国会负责审计、评估和调查的机构，旨在支持美国国会履行宪法职责以及帮助改善联邦政府对美国人民的工作和责任。GAO负责考察公共资金的使用情况，评估联邦项目和政策，并提供分析、建议和其他辅助，来帮助美国国会执行有效的监督、政策和资金决策。GAO致力于将良好的政府承诺体现在其负责、诚信和可靠的核心价值理念上。

12.8 获取GAO报告和证词副本

最快速和最简便的免费获取GAO文档副本的方法是通过GAO的官方网站（http：//

---

① 参见Financial Literacy and Education Commission, *Promoting Financial Success in the United States: National Strategy for Financial Literacy 2011* (Washington, D.C.: December 2010)。

② 参见GAO-12-588。

③ 参见GAO-09-638T。

www gao.gov）下载。每个工作日下午，GAO都会在网站上发布新的报告、证词和信函。需要GAO通过电子邮件向您发送最新内容的列表，请登录http：//www.gao.gov并选择“电子邮件更新通知（E-mail Updates）”。

每份GAO出版物的价格代表了GAO的实际工作和发布成本，并取决于出版物的页数以及出版物是彩色的还是黑白的。定价和订购信息已被发布在GAO的官方网站上，网址为http：//www.gao.gov/ordering.htm。

如要订阅，请拨打（202）512-6000，或者免费电话（866）801-7077或TDD（202）512-2537。

订阅者可以使用美国运通卡、Discover卡、万事达卡、Visa卡、支票或汇票等支付订单。欲知晓更多信息，请拨打电话咨询。

12.9 GAO的联系方式

您可以通过Facebook、Flickr、Twitter和YouTube与GAO取得联系，还可以订阅我们的RSS Feeds或电子邮件更新通知、收听我们的播客（Podcasts）或访问网站www.gao.gov。

12.10 报告联邦项目中存在的欺诈、浪费和滥用行为

网址：http：//www.gao.gov/fraudnet/fraudnet.htm。

电子邮件：fraudnet@gao.gov。

自动应答电话：（800）424-5454或（202）512-7470。

12.11 美国国会联系办公室

常务主任：Katherine Siggerud。

邮箱：siggerudk@gao.gov。

电话：（202）512-4400。

邮寄地址：U.S. Government Accountability Office，441 G Street NW，Room 7125，Washington，DC 20548。

12.12 公共关系办公室

常务主任：Chuck Young。

邮箱：youngc1@gao.gov。

电话：（202）512-4800。

邮寄地址：U.S. Government Accountability Office，441 G Street NW，Room 7149，Washington，DC 20548。